everything for

hors
d'œ
uvre

はじめに

オードヴルにとって大切なのは、ちょっとしたインパクト。
それは色の美しさであるかもしれないし、
形や盛りつけのおもしろさであるかもしれない。
あるいは素材のもつ、旨みの引き出し方かもしれないし、
意外なテクスチャーかもしれない。
専門のレストランであれば、
珍しい素材、高級な食材で驚きを与えることも可能だが、
本書ではあくまでも身近な素材を使い、それを試みた。
ひとつの料理から生まれるバリエーションも多くご紹介し、
また、技術的にも複雑すぎるものは避け、
できるだけ簡単なものを心がけたので、
レストランやカフェ、バーやバールなど、
幅広くご利用いただけると思う。
また、酒販店でアルコールを売り出す際や、
ちょっとしたパーティのときにも、参考にしていただきたい。
私の料理はすべて、今まで私が旅をしたり、方々で食べ歩いたり、
さまざまな生産者と出会ったり、素材にふれたりした体験が消化され、
私の頭と体を通して新たに生まれ出るものであり、
ジャンルにはこだわらず、自由な発想を大事にしている。
本書の料理を考えるにあたって、
自分の中にあるものを整理することができた。
また、あまり常識に捕らわれない性格も幸いし、
自分でも思いがけないオードヴルが生まれたりもした。
本書のアイデアが、多くの方のお役に立てれば幸いである。

音羽和紀

contents

by ingredients
素材別

野菜・きのこ・豆・米・パスタ

じゃがいも
小えび入りマッシュポテト　10
サーモン入りマッシュポテト　11
鯛燻製入りマッシュポテト　11
かにとパプリカのブランダード　14
カリフラワーとツナのブランダード　14
ハムと菜の花のブランダード　14
サーモンとしいたけのブランダード　14
小えびと春キャベツのブランダード　14
いか、アンチョビ、春菊、水菜のブランダード　14
じゃがいも、フォアグラ、モッツァレラ・チーズの
　ミルフィーユ仕立て　15
和えじゃがいも3種　15

トマト
トマトのロースト　18
トマトとかにのサラダ　19
カプレーゼ　19
トマトと貝のファルシ　19
トマトと赤玉ねぎのサラダ　19

なす
揚げなすのモッツァレラ風味　22
揚げなすのピリ辛トマトソース　22
揚げなすのアンチョビソースがけ　22
揚げなすのフォアグラ詰め　23
揚げなすのツナマヨネーズソース　23
なすのオーブン焼き　23

長ねぎ
長ねぎとなすのマリネ　26
いかとししとうと長ねぎのピクルス　26

グリーンアスパラガス
グリーンアスパラガスとベーコンのソテー　27
グリーンアスパラガスの黄身和え　はちみつ風味　27
グリーンアスパラガスと小えびのソテー　27

ピーマン
パプリカマリネ　アンチョビ添え　30
パプリカマリネ　ツナ風味　30

カリフラワー
ゆでカリフラワー　パン粉、チーズがけ　31
揚げカリフラワー　31
揚げカリフラワー　アンチョビ風味　31

キャベツ、白菜、水菜
鯛の燻製のキャベツ包み　34
鶏肉ときのこのキャベツ包み　34
豚ばら角煮の白菜蒸し　34
水菜とベーコンのソテー　34

オリーブ、ピクルス
オリーブマリネ3種　35
野菜のピクルス　35

野菜のテリーヌ、ゼリー寄せ
春野菜サラダのテリーヌ仕立て　38
魚介と野菜のゼリー寄せテリーヌ　39
冬野菜のテリーヌ仕立て　39
アボカドと小えびのテリーヌ　39
5色オムレツ　42

豆
白いんげん豆といかのサラダ　43
白いんげん豆と野菜の煮込み　43
白いんげん豆のトマト煮　43

きのこ
エリンギのソテー　46
エリンギのグリエ　46
エリンギのマリネ　赤ワインヴィネガー風味　46
きのこのギリシャ風マリネ　47
マッシュルームのマドリッド風　47
丸ごとしいたけの鶏肉詰め　47

米

リゾット　サーモンクリームソース　50
サフランリゾット
　　マッシュルームクリームソース　50
いか墨のリゾット　パプリカトマトソース　50
リゾット　いか包み　しいたけクリームソース　51
サフランリゾット　いか包み　あさりソース　51
いか墨のリゾット　いか包み　トマトソース　51
きのこおじや　54
魚介の洋風おじや　54

パスタ

カネロニ　挽き肉ソース　55
カネロニ　ポルチーニクリーム　55
トマトとモッツァレラの冷製スパゲッティ　58
魚介の冷製スパゲッティ　58
冷製スパゲッティ　ピリ辛トマトソース　58
魚介の冷製　カネロニ詰め　58
まぐろの冷製　カネロニ詰め　59

魚介

鮭

サーモンの冷製　ピリ辛トマトソース　62
サーモンの冷製　ディルマヨネーズ　62
サーモンの冷製　春野菜のサラダ仕立て　63
サーモンのマリネ　甘いディルマヨネーズ　63
サーモンのマリネ　大根巻き　66
サーモンの腹身の燻製　67
サーモンの腹身の燻製のティエド　67

まぐろ

びん長まぐろのバルサミコソース　70
ねぎ、まぐろ、フォアグラの重ね焼き　70
まぐろのたたき　オレンジ風味　71
まぐろのタルタル　71
まぐろのタルタル　卵黄入り　71

鯛、すずき

すずきのグリル　水菜のブレゼ添え　74
鯛のパリッと焼き　75
鯛の燻製と温野菜のブイヨン仕立て　75
鯛の燻製　75
鯛の燻製　サラダ仕立て　78
鯛の燻製のグリエ　78
鯛の燻製入りポムピューレ　78
鯛の燻製　春菊のブレゼ添え　79

いわし

いわしのマリネ　82
いわしとパプリカのマリネ　83
いわしとトマトときゅうりのマリネ　86
いわしと野菜のマリネ　86
いわしのマリネ　パプリカ風味　86
いわしと長ねぎのマリネ　86
いわしのロール巻きソテー　87
いわしのオムレツ　87

小あじ、わかさぎ

小あじのエスカベッシュ　90
わかさぎのエスカベッシュ　90

穴子

蒸し穴子のロール　ナッツ添え　91
穴子となすのフォアグラ風味　91

帆立貝

帆立貝のマリネ　いくら添え　94
帆立貝とうどときゅうりのマリネ　95
帆立貝のマリネ　ナージュ風　95
殻つき帆立貝のグリル　ピリ辛トマトソース　95
帆立貝のグリル　グリーンソース　95

さざえ

さざえのしいたけ入りグラタン　98
さざえのほうれん草入りグラタン　98

つぶ貝

つぶ貝の赤ワインヴィネガー風味　99
つぶ貝のクルトン　99
つぶ貝とパプリカのヴィネガー風味　99

牡蛎貝

牡蛎のグリル　レモン添え　102
生牡蛎　赤ワインヴィネガー風味　102
牡蛎の長ねぎクリームソース　102
牡蛎のソース・オランデーズ　103
牡蛎のグラタン　103
牡蛎とマッシュルームのムニエル　103

ムール貝
ムール貝の白ワイン蒸し　106
ムール貝の野菜ソース　106
ムール貝の冷製　ピリ辛トマトソース　106
ムール貝のグラタン　107
ムール貝のトマト焼き　107
ムール貝の香草クルトン　107

その他の貝
あおやぎとねぎのヴィネガー風味　110
貝類のレモンドレッシング和え　110
みる貝の青トマトソース　110
ほっき貝とセロリとそら豆のマリネ　110
エスカルゴのブルゴーニュ風　111

えび
小えびのカクテルソース　114
ゆでオマールのピリ辛青トマトソース添え　114

いか
赤いかのグリル　115
いかのソテー　ルイユソース　115
赤いかのグリル　トマトソース　115
赤いかのグリル　ピリ辛トマトソース　118
いかのエスカベッシュ　118
いかのいか墨ソース和え　118
赤いかと生ハムのロール　119
赤いかとサーモンのロール　119
赤いかのロール　バジル風味　119

たこ
たこのオリーブオニオンレモンソース　122
たこのパプリカソース　122
たこのピリ辛マヨネーズ　122
水だこのしゃぶしゃぶ　ピリ辛トマトソース　123
水だこのしゃぶしゃぶ　オリーブオニオンレモンソース　123
水だこのグリエ　123

肉・卵・チーズ

鶏肉
鶏肉のティエド　オリーブオニオンレモンソース　126
鶏肉のグリル　ピリ辛トマトソース　127
鶏胸肉の春菊マヨネーズ　127
鶏肉のティエド　プロヴァンス風マリネ　130
鶏肉のカルパッチョ　130
鶏肉のグリル　131
鶏のパリッと焼き　131

豚肉、ハム
豚肉の西京漬け　134
ポークフリッツ　134
豚肉とあんずの重ね焼き　135
パテ・ド・カンパーニュ　135
豚ばら肉と豚足の赤ワインはちみつ煮込み　138
豚足のヴィネグレットソース　138
ハムとパセリのゼリー寄せ　138
生ハムとオリーブ、パルミジャーノ　138
豚足と野菜のゼリー寄せ　139

牛肉、牛胃、仔羊肉
牛肉のタルタル　142
牛トリップの煮込み　143
仔羊肉とパイナップルの重ね焼き　143
仔羊肉のフリッツとマンゴー　143

フォアグラ、レバー
フォアグラのパルフェ　146
フォアグラのカナッペ　146
フォアグラとりんごのロール　146
ぶどうとフォアグラのキャラメリゼ　147
レバーペースト　150
鶏レバーのフリッツ　150

卵
温泉卵　いくら添え、うに添え　151
温泉卵の2種ソース　151
温泉卵　ツナマヨネーズソース　151
温泉卵　オリーブソース　151
フランいろいろ　154
卵のファルシ　155

チーズ
セロリとフロマージュブランのスティック　158
きゅうりとゴルゴンゾーラ　158
ラディッシュとカマンベール　158
トマトとモッツァレラ　159
チーズクルトンとハーブサラダ　159
ぶどうとカマンベール　159

by styles
料理別

スープ
フォアグラ入りコンソメスープ　162
芽ねぎのスープ　162
新玉ねぎのスープ　162
カレー風味のスープ　162
グリーンスープ　生ハムの香り　163
かぶのスープ　166
ねぎとしいたけのスープ　166
カリフラワーのスープ　166
白いんげん豆とパイナップルのスープ　167
ピーナッツのスープ　167
さつまいもとバナナのスープ　167
りんごとグリーンピースのスープ　170
グリーンピースとパイナップルのスープ　170
トマトのガスパチョ　171
トマトのスープ　171
パプリカとオレンジのスープ　171
いちごとオレンジのスープ　171

カナッペ
カナッペ3種盛り合わせ　174
カナッペ2種盛り合わせ　175
パプリカとアンチョビのカナッペ　175
揚げなすのカナッペ　175
生ハムとピクルスのカナッペ　178
ローストビーフとピクルスのカナッペ　178
帆立貝のカナッペ　179
帆立貝といくらのカナッペ　179
サーモンマリネのカナッペ　179
トマトとモッツァレラのカナッペ　182
チェダー・チーズとセロリのカナッペ　182

コロッケ
マッシュポテトのコロッケ　183
さつまいものコロッケ　183
ベシャメル入り野菜コロッケ　183
チーズコロッケ　183

ピンチョス（冷・温）
ぶどうとナチュラルチーズのピンチョス　186
グリーンアスパラガスとカマンベールの
　　ピンチョス　186
いわしと玉ねぎのピクルスのピンチョス　186
かじきまぐろのピクルスとオリーブのピンチョス　186
かじきまぐろと野菜のピクルスのピンチョス　186
鶏肉とピクルスのピンチョス　187
ローストビーフとコルニッションのピンチョス　187
ゆで豚とレタスのピンチョス　187
鴨の燻製とカリフラワーのピクルスのピンチョス　187
ハムとコルニッションのピンチョス　187
生ハムとアスパラガスのピンチョス　187
たこのピンチョス　190
小えびのピンチョス　ごま風味　190
オマールのピンチョス　ピリ辛トマトソース　190
オマールとマッシュルームのピンチョス　190
帆立貝と生ハムのピンチョス　190
しいたけと帆立貝のピンチョス　191
さよりとうずらの卵のピンチョス　191
エリンギとしいたけのピンチョス　191
ローストビーフと揚げじゃがいものピンチョス　191
牛たんと長ねぎのピンチョス　194
ベーコンと揚げじゃがいものピンチョス　194
ベーコンとアスパラガスのピンチョス　194
さつまいもと鴨肉のピンチョス　194
長ねぎと鴨肉、エリンギのピンチョス　195
ソーセージとししとうのピンチョス　195
ポークフリット　195
魚介のフリット　195
かじきまぐろのフリット　195

シュー詰め
クリームチーズとパプリカ入りシュー　198
ハムとクリームチーズ入りシュー　198
カレー風味クリームチーズ入りシュー　198
フロマージュブラン入りシュー　199
アボカドのムース入りシュー　199
かぼちゃのムース入りシュー　199

パナード
さつまいもとレーズンのパナード　202
パインとくるみのパナード　202
りんごとカマンベールのパナード　202
たことパプリカのパナード　203
スモークサーモンとほうれん草のパナード　203
ハムとからし菜のパナード　203

キッシュ
サーモンのキッシュ　206
長ねぎ、いか、えびのキッシュ　206
ムール貝とほうれん草のキッシュ　206
和野菜のキッシュ　206

ピザ生地包み焼き
トマトとモッツァレラの包みピザ　207
タンシチューの包みピザ　210
鶏肉のトマト煮込み包みピザ　210
帆立貝とサーモンの包みピザ　210
りんごとフォアグラの包みピザ　211
かぼちゃとフォアグラの包みピザ　211
チーズとセロリの包みピザ　211

餃子、ワンタン、春巻き
鶏肉と筍の蒸し餃子　214
鶏レバーと栗の蒸し餃子　214
鶏肉とえび、貝の蒸し餃子　215
いかと青菜の蒸し餃子　215
鴨の揚げ餃子　215
牛肉と玉ねぎのコンフィの焼き餃子　218
豚肉の煮込みとりんごの焼き餃子　218
鶏レバーとチーズ、りんごのワンタン　219
白身魚とそら豆のワンタン　219
魚介のワンタン　219
まぐろとアボカドの生春巻き　222
スモークサーモンの生春巻き　222
えびのすり身とれんこんの揚げ春巻き　223
鶏の赤ワインローストとパイナップルの
　揚げ春巻き　223
じゃがいもとチーズの揚げ春巻き　223

アイスクリーム
白いんげん豆のアイスクリーム　226
とうもろこしのアイスクリーム　226
そら豆のアイスクリーム　226
トマトのシャーベット　226
さつまいものアイスクリーム　227

basic recipes　230

凡例
・小麦粉は、特に記載のない場合は薄力粉を
　使用している。
・バターはすべて無塩バターを使用している。
・E.V. オリーブ油は、エクストラ・ヴァージン・
　オリーブ油の略。
・小さじ1は5cc、大さじ1は15cc。

撮影　髙橋栄一
デザイン　中村善郎／Yen
デザインアシスタント　羽川桜子　村越恵理／Yen
編集　長澤麻美

by ingredients

素材別

野菜・きのこ・豆・米・パスタ

じゃがいも ＞

小えび入りマッシュポテト

サーモン入りマッシュポテト　　　　　　　　　鯛燻製入りマッシュポテト

小えび入りマッシュポテト

材料（2、3人分）
小エビ　6尾
松の実（ローストしたもの）　15粒
ジャガイモ（蒸して皮をむき裏漉したもの）　80g
牛乳　40g
E.V. オリーブ油　大さじ3
塩、コショウ、レモン汁　各少量
A
└ ジャガイモ、揚げ油、塩

1　小エビはさっとゆで、飾りの分を残し、残りを細かく刻む。
2　鍋に裏漉したジャガイモ、牛乳、E.V. オリーブ油、塩、コショウ、レモン汁を入れて火にかける。1の刻んだ小エビと松の実を加え、ちょうどよい濃度になるまで火を入れる（1～2分くらい）。
3　Aのジャガイモの皮をむき、できるだけ薄い輪切りにし、150℃の油でキツネ色に揚げる。油を切り、熱いうちに塩をふる。
4　器に2を少量敷き、その上に3を1枚のせる。更に2、3を交互に重ねてのせていき、最後にのせた2の上に、とりおいた小エビを飾る。

サーモン入りマッシュポテト

材料（2、3人分）
生鮭　50g
ジャガイモ（蒸して皮をむき裏漉したもの）　80g
牛乳　40g
E.V. オリーブ油　大さじ3
塩、コショウ、レモン汁　各少量
A
└ ジャガイモ、揚げ油、塩
黒オリーブ（縦半分に切る）

1　生鮭を細かく刻む。
2　鍋に裏漉したジャガイモ、牛乳、E.V. オリーブ油、塩、コショウ、レモン汁を入れて火にかける。1を加え、ちょうどよい濃度になるまで火を入れる（1～2分くらい）。
3　Aのジャガイモの皮をむき、できるだけ薄い輪切りにし、150℃の油でキツネ色に揚げる。油を切り、熱いうちに塩をふる。
4　器に2を少量敷き、その上に3を1枚のせる。更に2、3を交互に重ねてのせていき、最後にのせた2の上に黒オリーブをのせる。

鯛燻製入りマッシュポテト

材料（2、3人分）
鯛の燻製（p.77参照。切って粗くつぶしたもの）　50g
生ハム　1/2枚
ジャガイモ（蒸して皮をむき裏漉したもの）　80g
牛乳　40g
E.V. オリーブ油　大さじ3
塩、コショウ、レモン汁　各少量
A
└ ジャガイモ、揚げ油、塩

1　生ハムは、飾り用に適量切りとっておき、残りを細かく刻む。
2　鍋に裏漉したジャガイモ、牛乳、E.V. オリーブ油、塩、コショウ、レモン汁を入れて火にかける。1の刻んだ生ハムと鯛の燻製を加え、ちょうどよい濃度になるまで火を入れる（1～2分くらい）。
3　Aのジャガイモの皮をむき、できるだけ薄い輪切りにし、150℃の油でキツネ色に揚げる。油を切り、熱いうちに塩をふる。
4　器に2を少量敷き、その上に3を1枚のせる。更に2、3を交互に重ねてのせていき、最後にのせた2の上に、とりおいた生ハムを飾る。

かにとパプリカのブランダード (フォト p.14)

ブランダード (brandade) とは、干ダラで作る南フランスの料理。干ダラとニンニクで作ったペーストに、つぶしたジャガイモ、オリーブ油、牛乳などを混ぜて作り、クルトンなどを添えて供するもの。これをアレンジした。

材料（2、3人分）
カニ（ゆでた身。またはフレーク缶詰）　50g
赤パプリカ（ジャンボピーマン。みじん切り）　20g
トマトケチャップ　小さじ1
ジャガイモ（蒸して皮をむき裏漉したもの）　100g
オリーブ油　10g
ニンニク（みじん切り）　少量
生クリーム　30～40g
塩、コショウ　各少量
細めのフランスパン（薄くスライスして、トーストしたもの）　5枚

1 鍋にオリーブ油とニンニクを入れて火にかけ、香りが出てきたところにカニ、パプリカ、トマトケチャップを入れ、裏漉したジャガイモ、生クリームを加えて練り合わせる。塩、コショウで調味する。
2 トーストしたフランスパンで挟むようにして、写真のように盛りつける。

カリフラワーとツナのブランダード (フォト p.14)

材料（2、3人分）
カリフラワー（ゆでて粗みじん切り）　30g
ツナ（油漬け缶詰。ほぐす）　20g
ジャガイモ（蒸して皮をむき裏漉したもの）　100g
オリーブ油　10g
ニンニク（みじん切り）　少量
イタリアンパセリ（みじん切り）　少量
生クリーム　30～40g
塩、コショウ　各少量
細めのフランスパン（薄くスライスして、トーストしたもの）　5枚

1 鍋にオリーブ油とニンニクを入れて火にかけ、香りが出てきたところにカリフラワー、ツナを入れ、裏漉したジャガイモを入れ、イタリアンパセリ、生クリームを加えて練り合わせる。塩、コショウで調味する。
2 トーストしたフランスパンで挟むようにして、写真のように盛りつける。

ハムと菜の花のブランダード (フォト p.14)

材料（2、3人分）
ハム（5mm角切り）　15g
菜の花（ゆでて粗みじん切り）　20g
スタッフド・オリーブ（みじん切り）　2個分
ジャガイモ（蒸して皮をむき裏漉したもの）　100g
オリーブ油　10g
ニンニク（みじん切り）　少量
生クリーム　30～40g
塩、コショウ　各少量
細めのフランスパン（薄くスライスして、トーストしたもの）　5枚

1 鍋にオリーブ油とニンニクを入れて火にかけ、香りが出てきたところにハム、菜の花、スタッフド・オリーブを入れ、裏漉したジャガイモを入れ、生クリームを加えて練り合わせる。塩、コショウで調味する。
2 トーストしたフランスパンで挟むようにして、写真のように盛りつける。

**かにとパプリカの
ブランダード**（作り方 p.13）

**カリフラワーとツナの
ブランダード**（作り方 p.13）

**ハムと菜の花の
ブランダード**（作り方 p.13）

**サーモンとしいたけの
ブランダード**

**小えびと春キャベツの
ブランダード**

**いか、アンチョビ、春菊、
水菜のブランダード**

揚げいものトマトソース風味

蒸しいものゴルゴンゾーラ風味

揚げいものアンチョビ風味

じゃがいも、フォアグラ、
モッツァレラ・チーズのミルフィーユ仕立て

和えじゃがいも3種

サーモンとしいたけのブランダード

材料（2、3人分）
生鮭（5mm角切り）　40g
シイタケ（石づきを落とし、5mm角切り）　50g
ジャガイモ（蒸して皮をむき裏漉したもの）　100g
オリーブ油　10g
ニンニク（みじん切り）　少量
生クリーム　30～40g
塩、コショウ　各少量
細めのフランスパン（薄くスライスして、トーストしたもの）　5枚

1 鍋にオリーブ油とニンニクを入れて火にかけ、香りが出てきたところにシイタケ、鮭を入れて炒める。裏漉したジャガイモを入れ、生クリームを加えて練り合わせる。塩、コショウで調味する。
2 トーストしたフランスパンで挟むようにして、写真のように盛りつける。

小えびと春キャベツのブランダード

材料（2、3人分）
小エビ（ゆでて粗みじん切り）　30g
春キャベツ（ゆでて粗みじん切り）　25～30g
ジャガイモ（蒸して皮をむき裏漉したもの）　100g
オリーブ油　10g
ニンニク（みじん切り）　少量
生クリーム　30～40g
塩、コショウ　各少量
細めのフランスパン（薄くスライスして、トーストしたもの）　5枚

1 鍋にオリーブ油とニンニクを入れて火にかけ、香りが出てきたところに小エビ、キャベツを入れて炒める。裏漉したジャガイモを入れ、生クリームを加えて練り合わせる。塩、コショウで調味する。
2 トーストしたフランスパンで挟むようにして、写真のように盛りつける。

いか、アンチョビ、春菊、水菜のブランダード

材料（2、3人分）
イカ（ゆでてみじん切り）　50g
アンチョビ（フィレ。みじん切り）　1枚分
春菊（ゆでて粗みじん切り）　10g
水菜（ゆでて粗みじん切り）　10g
ジャガイモ（蒸して皮をむき裏漉したもの）　100g
オリーブ油　10g
ニンニク（みじん切り）　少量
生クリーム　30～40g
塩、コショウ　各少量
細めのフランスパン（薄くスライスして、トーストしたもの）　5枚

1 鍋にオリーブ油とニンニクを入れて火にかけ、香りが出てきたところにアンチョビ、イカを入れて軽く炒め、更に春菊、水菜を入れ、裏漉したジャガイモ、生クリームを加えて練り合わせる。塩、コショウで調味する。
2 トーストしたフランスパンで挟むようにして、写真のように盛りつける。

じゃがいも、フォアグラ、モッツァレラ・チーズのミルフィーユ仕立て

材料（2、3人分）
ジャガイモ（メークイン）　1個
フォアグラのマリネ（p.25参照。薄切り）　適量
モッツァレラ・チーズ（薄切り）　適量
塩、コショウ、赤ワインヴィネガー、E.V. オリーブ油　各少量

1　ジャガイモは蒸して皮をむき、縦5枚に均一に切り分ける。
2　1のジャガイモで、フォアグラのマリネとモッツァレラ・チーズを交互に2回ずつ挟みながら重ね、ラップフィルムで包んで固定する。
3　ラップフィルムごと適当な厚さに切って器に盛り、塩、コショウをふり、赤ワインヴィネガー、E.V. オリーブ油をかける。

和えじゃがいも3種

揚げいものアンチョビ風味

材料（1人分）
ジャガイモ（皮をむき、2cm角切り）　1個分
フレンチドレッシング（p.233参照）　適量
アンチョビ（フィレ）　1枚
アサツキ（小口切り）　1本分
揚げ油、塩

1　ジャガイモは130℃くらいの油で揚げ、火が入ったらいったんとり出し、油の温度を180℃まで上げ、もう一度揚げる。キツネ色になったらとり出し、軽く塩をふる。
2　アンチョビを細かく刻み、フレンチドレッシングに加え、アサツキも加えて混ぜ合わせる。
3　1のジャガイモを2で和え、器に盛る。

蒸しいものゴルゴンゾーラ風味

材料（1人分）
ジャガイモ（蒸して皮をむき、2cm角切り）　1個分
生クリーム　15g
ゴルゴンゾーラ・チーズ　40g
ベシャメルソース（p.234参照）　15g
パセリ（みじん切り）　少量
ニンニクチップ（ニンニクをスライスし、油で揚げて砕いたもの）　適量
揚げ油、塩

1　ジャガイモは軽く塩をふる。
2　生クリーム、ゴルゴンゾーラ・チーズ、ベシャメルソース、パセリを混ぜ合わせる。
3　1のジャガイモを2で和え、器に盛る。ニンニクチップをふる。

揚げいものトマトソース風味

材料（1人分）
ジャガイモ（皮をむき、2cm角切り）　1個分
トマトソース（p.233参照）　60g
黒オリーブ（みじん切り）　1個分
コルニッションのピクルス（みじん切り）　1本分
カイエンヌ・ペッパー　少量
揚げ油、塩

1　ジャガイモは130℃くらいの油で揚げ、火が入ったらいったんとり出し、油の温度を180℃まで上げ、もう一度揚げる。キツネ色になったらとり出し、軽く塩をふる。
2　トマトソースに黒オリーブ、コルニッションのピクルス、カイエンヌ・ペッパーを加えて混ぜる。
3　1のジャガイモを2で和え、器に盛る。

トマト ＞

トマトのロースト

トマトとかにのサラダ

カプレーゼ

トマトと貝のファルシ

トマトと赤玉ねぎのサラダ

トマトのロースト

材料(1人分)
トマト 1個
玉ネギ(みじん切り) 少量
ニンニク(みじん切り) 少量
モッツァレラ・チーズ 15g
生ハム(プロシュート。薄切り) 1/2枚
ルコラ 3枚
バルサミコ酢、E.V.オリーブ油 各適量(同量)
オリーブ油、塩

1 トマトにオリーブ油をかけ、玉ネギとニンニクをのせて軽く塩をし、160℃のオーブンで10分ほど(トマトによる)ローストする。
2 1にモッツァレラ・チーズをのせて再びオーブンに入れてチーズを溶かす。器に盛り、生ハムをのせ、ルコラを添え、バルサミコ酢とE.V.オリーブ油を同量ずつ合わせてまわしかける。

トマトとかにのサラダ

材料(2人分)
トマト(皮を湯むきして、1cm厚さに切ったもの) 3枚
キュウリ(ジュリエンヌ) 50g
セロリ(ジュリエンヌ) 30g
カニの身(ゆでたもの。塊) 20g
オレンジマヨネーズ 適量
├ マヨネーズ 大さじ2
├ オレンジジュース(絞り汁) 小さじ1
├ 生クリーム 小さじ1
└ 塩、コショウ
　＊混ぜ合わせる
オレンジのフィレ(4等分に切る) 4枚分
セルフィーユ 少量

1 トマトを器に1枚のせ、その上にセロリ、トマト、キュウリ、トマトの順に重ねて盛り、カニの身をのせる。
2 1にオレンジマヨネーズをかけ、まわりにオレンジを散らし、セルフィーユをあしらう。

カプレーゼ

材料（2、3人分）
トマト（5mm厚さの輪切り）　4枚
モッツァレラ・チーズ（5mm厚さに切る）　3枚
キュウリ（1cm角切り）　適量
ルコラ　2枚
バジルペースト（p.234参照）　適量
E.V.オリーブ油　適量
バルサミコ酢　適量
塩、コショウ、オリーブ油

1　キュウリは塩、オリーブ油でマリネする。
2　トマト、モッツァレラ・チーズは塩、コショウし、交互に重ねて皿に盛る。
3　2にバジルペーストを散らし、1のキュウリを並べ、ルコラを添え、E.V.オリーブ油とバルサミコ酢を回しかける。

トマトと貝のファルシ

材料（1人分）
トマト　1個
ホタテ貝柱（生食用。1cm角に切る）　1個分
アオヤギ　3個
アサツキ（先のほうを長めに切り落として飾り用とし、残りは小口切りにする）　1本分
ドレッシング
├赤ワインヴィネガー　大さじ1
├E.V.オリーブ油　大さじ1
├玉ネギ（みじん切り）　小さじ1
└塩、コショウ

1　トマトは皮を湯むきして、上のほうを1/4ほど切り落とし、中をくり抜いて、器に盛る。くり抜いた中身は、適宜に切る。
2　ホタテ貝柱、アオヤギ、切ったトマト、小口に切ったアサツキをボウルに入れ、ドレッシングの材料を加えて合わせる。
3　1のトマトの中に2をきれいに詰め、飾り用のアサツキを飾る。

トマトと赤玉ねぎのサラダ

材料（1人分）
トマト（皮を湯むきして冷まし、8等分のくし形に切る）　1個分
赤玉ネギ（薄い輪切り）　少量
玉ネギ（みじん切り）　少量
ドレッシング
├赤ワインヴィネガー　大さじ1
├E.V.オリーブ油　大さじ1
├ハチミツ　小さじ1/2
└塩、コショウ

赤玉ネギを器に並べ、トマトを盛りつける。玉ネギをのせ、ドレッシングの材料を合わせて回しかける。

ナス >

揚げなすのモッツァレラ風味

揚げなすのピリ辛トマトソース

揚げなすのアンチョビソースがけ

揚げなすのフォアグラ詰め

揚げなすのツナマヨネーズソース

なすのオーブン焼き

揚げなすのモッツァレラ風味

材料（1、2人分）
ナス　2個
モッツァレラ・チーズ　20g
ルコラ　適量
塩、コショウ　各少量
バルサミコ酢、E.V. オリーブ油　各適量（同量）
揚げ油

1 ナスはつまようじで数カ所穴を開けて油で揚げ、温かいうちに皮をむく。
2 1のナスを食べやすく切り分けて器に盛り、ルコラ、モッツァレラ・チーズをのせ、塩、コショウをして、オーブンまたは電子レンジでモッツァレラ・チーズが溶け出すくらいに温める。
3 バルサミコ酢とE.V. オリーブ油を同量ずつ合わせてかける。

揚げなすのピリ辛トマトソース

材料（1、2人分）
ナス　2個
ピリ辛トマトソースa
├ トマト（皮を湯むきして角切り）　300g
├ 黄パプリカ（ジャンボピーマン。1cm角切り）　50g
├ 赤パプリカ（ジャンボピーマン。1cm角切り）　15g
├ 玉ネギ（みじん切り）　75g
├ キュウリ（5mm角切り）　30g
├ 赤ワインヴィネガー　30g
├ レモン汁　少量
├ タバスコ　少量
├ ニンニク（みじん切り）　少量
└ 塩、コショウ　各少量
揚げ油

1 ナスはつまようじで数カ所穴を開けて油で揚げ、温かいうちに皮をむく。
2 ピリ辛トマトソースの材料をすべて混ぜ合わせる。
3 1のナスを器に盛り、2のソースをかける。

揚げなすのアンチョビソースがけ

材料（1、2人分）
ナス　2個
オニオンフリッツ（細切りにした玉ネギを、素揚げしたもの）　適量
アンチョビソース（下記参照）　適量
揚げ油

1 ナスはガクを切り落とし、つまようじで数カ所穴を開けて油で揚げ、温かいうちに皮をむく。
2 器にアンチョビソースを敷き、1のナスを食べやすく切り分けて盛り、オニオンフリッツをのせる。

アンチョビソース

材料（作りやすい量）
アンチョビ（フィレ）　1缶
黒オリーブ　5個
ニンニク（みじん切り）　小さじ1/2
玉ネギ（みじん切り）　15g
ブイヨン（p.231参照）　20g
牛乳　80～100g
塩、コショウ　各少量

材料を合わせてミキサーにかける。

揚げなすのフォアグラ詰め

材料（1個分）
ナス　1個
フォアグラのマリネ（下記参照）　適量
E.V. オリーブ油　適量
バルサミコ酢　適量
揚げ油

1　ナスはガクを切り落とし、素揚げして、温かいうちに皮をむく。粗熱がとれたら縦に切り目を入れ、そこにフォアグラのマリネを適量入れて包み込む。
2　1の切り目を下にして器に盛り、E.V. オリーブ油、バルサミコ酢をかける。

フォアグラのマリネ

材料（作りやすい量）
フォアグラ（フレッシュ）　350g
マデラ酒　10g
塩、コショウ

フォアグラは血合いなどを掃除して塩、コショウし、マデラ酒とともに真空パックして半日ほどおく。これをスチーム・コンベクションで低温調理（60℃以下）して（200〜350gで15〜18分。フォアグラの大きさによる）、トーションで包みゆっくり冷まして、粗熱がとれたら冷蔵庫で冷やす。

揚げなすのツナマヨネーズソース

材料（1人分）
ナス　1個
玉ネギ（5mm角切り）　適量
トマト（1cm角切り）　適量
ツナマヨネーズソース（作りやすい量）
├ 玉ネギ（みじん切り）　30g
├ ツナ（油漬け缶詰。裏漉したもの）　80g
├ マヨネーズ　80g
├ ブイヨン（p.231参照）　80g
└ 塩、コショウ　各少量
揚げ油

1　ナスはガクを切り落とし、つまようじで数カ所穴を開けて油で揚げ、温かいうちに皮をむく。ツナマヨネーズソースの材料は混ぜ合わせる。
2　器にツナマヨネーズソースを敷き、揚げナスを食べやすく切り分けて盛り、玉ネギとトマトをのせる。

なすのオーブン焼き

材料（1人分）
米ナス（1cm厚さの輪切り）　2枚
トマトソース（p.233参照）　100g
生クリーム　30g
パルミジャーノ・レッジャーノ・チーズ（すりおろし）　15g
ニンニク（みじん切り）　少量
揚げ油

1　米ナスは素揚げする。
2　グラタン皿に1/3量のトマトソースを入れ、1のナスを1枚敷き、再び1/3量のトマトソースをかけ、もう1枚ナスをのせる。
3　残りのトマトソースと生クリーム、パルミジャーノ・レッジャーノ・チーズ、ニンニクを合わせたものを2の全体にかける。
4　150℃のオーブンで8〜10分間、焼き色がつくまで焼く。

長ねぎ >

長ねぎとなすのマリネ

いかとししとうと長ねぎのピクルス

グリーンアスパラガス ＞

グリーンアスパラガスとベーコンのソテー

グリーンアスパラガスの黄身和え
はちみつ風味

グリーンアスパラガスと小えびのソテー

長ねぎとなすのマリネ

材料（2人分）
長ネギ（太いもの） 1本
ナス 2個
ピクルス液
├ 酢（フルーツヴィネガーなど） 300g
├ 水 900g
├ 塩 60〜70g
├ ニンニク（皮をむいて縦半分に切る） 1〜2片
├ 赤トウガラシ 1本
├ パセリの茎 1〜2本
├ 白粒コショウ 20〜30粒
└ コリアンダー 20粒
ディル（あれば） 適量
揚げ油

1 ピクルス液の材料を鍋に入れて一煮立ちさせ、あれば冷めてからディルを入れる。
2 長ネギは1/2の長さに切り、10分ほど蒸す。ナスはつまようじで数か所穴を開けて油で揚げ、温かいうちに皮をむく。
3 2の長ネギとナスが温かいうちに1に入れ、半日以上漬けておく。

いかとししとうと長ねぎのピクルス

材料（2人分）
モンゴウイカ（2cm角切り） 60g
長ネギ 3本
シシトウガラシ 2本
ピクルス液（左記参照） 適量

1 イカを軽くゆでて、氷水にとって冷やし、水気を切る。
2 長ネギは10分ほど蒸す。
3 ピクルス液に1のイカ、2の長ネギ、シシトウガラシを漬ける（最低半日）。器に盛る。

グリーンアスパラガスとベーコンのソテー

材料（1人分）
グリーンアスパラガス　4本
ベーコン（拍子木切り）　20g
玉ネギ（みじん切り）　10g
オリーブ油　大さじ1
ニンニク（みじん切り）　少量
塩、コショウ　各少量

1 グリーンアスパラガスの根元から半分までの部分の皮をむき、3、4等分の斜め切りにする。
2 フライパンにオリーブ油を入れ、玉ネギ、ベーコンを入れて軽く炒め、アスパラガスを加える。アスパラガスがしんなりしたところでニンニクを加え、塩、コショウで味を調える。

グリーンアスパラガスの黄身和え はちみつ風味

材料（1人分）
グリーンアスパラガス　4本
塩
A
├ ハチミツ　10g
├ マスタード　10g
├ 卵黄　1個
├ 赤ワインヴィネガー　小さじ1
└ 生クリーム　大さじ2

1 グリーンアスパラガスの根元から半分までの部分の皮をむき、3、4等分の斜め切りにする。
2 Aの材料をボウルに合わせる。
3 1のアスパラガスを塩ゆでし、ゆで上がったら2と合わせて弱火で少し火を入れ、器に盛る。

グリーンアスパラガスと小えびのソテー

材料（1人分）
グリーンアスパラガス　4本
小エビ（ぶつ切り）　25g
玉ネギ（みじん切り）　10g
ニンニク（みじん切り）　少量
オリーブ油　大さじ1
塩、コショウ、レモン汁　各少量

1 グリーンアスパラガスの根元から半分までの部分の皮をむき、3、4等分の斜め切りにする。
2 フライパンにオリーブ油を入れ、玉ネギ、小エビを入れて軽く炒め、アスパラガスを加える。アスパラガスがしんなりしたところでニンニクを加え、塩、コショウ、レモン汁で味を調える。

ピーマン ＞

パプリカマリネ　アンチョビ添え

パプリカマリネ　ツナ風味

カリフラワー >

揚げカリフラワー

ゆでカリフラワー　パン粉、チーズがけ

揚げカリフラワー　アンチョビ風味

パプリカマリネ　アンチョビ添え

材料（作りやすい量）
赤、黄パプリカ（ジャンボピーマン）　各200g
アンチョビ（縦半分に切る）　2枚分
ルコラ　1枚
バルサミコ酢　10g
オリーブ油　20g
塩、コショウ　各少量

1. パプリカは、180℃のオーブンで20～25分ローストして皮をむき、1cm幅の棒状に切る。
2. 赤パプリカ、黄パプリカを交互に皿に並べて軽く塩、コショウをし、アンチョビを添える。ルコラをあしらい、バルサミコ酢とオリーブ油をかける。

パプリカマリネ　ツナ風味

材料（作りやすい量）
赤、黄パプリカ（ジャンボピーマン）　各200g
ツナ（油漬け缶詰）　30g
ケッパー　20粒＋漬け汁少量
ペコロス（小玉ネギ。薄い輪切り）　1個分
赤ワインヴィネガー　10g
オリーブ油　20g
塩、コショウ
＊塩は岩塩があればなおよい

1. パプリカは180℃のオーブンで20～25分ローストして皮をむき、1cm幅の棒状に切る。
2. 材料をすべて合わせ、半日以上マリネする。

ゆでカリフラワー　パン粉、チーズがけ

材料（1人分）
カリフラワー　5房
ゆで卵（みじん切り）　1/2〜1個分
パン粉（160℃のオーブンで空焼きする）　適量
パルミジャーノ・レッジャーノ・チーズ（すりおろし）
　少量
塩

1　カリフラワーを塩ゆでする（少し芯が残る程度に）。温かいうちに水分をよく切り、器に盛る。
2　1の上にゆで卵をのせ、パン粉、パルミジャーノ・レッジャーノ・チーズをかける。

揚げカリフラワー

材料（1人分）
カリフラワー　5房
鶏挽き肉　30g
シイタケ（みじん切り）　15g
オリーブ油　大さじ1
ブイヨン（p.231参照）　大さじ2
塩、コショウ　各少量
揚げ油

1　カリフラワーを190℃以上の油で揚げる（まわりが色づき、芯が残るくらいが理想）。油をよく切り、温かいうちに塩を軽くふり、器に盛る。
2　鍋にオリーブ油を入れて火にかけ、鶏挽き肉、シイタケを入れてよく炒める。
3　2にブイヨンを入れ、弱火で煮詰める。塩、コショウで味を調え、1の上からかける。

揚げカリフラワー　アンチョビ風味

材料（1人分）
カリフラワー　5房
アンチョビ（細切り）　1枚分
緑オリーブ（粗く切ったもの）　3個分
玉ネギ（みじん切り）　少量
パセリ（みじん切り）　少量
塩　少量
揚げ油

1　カリフラワーを190℃以上の油で揚げる（まわりが色づき、芯が残るくらいが理想）。油をよく切り、温かいうちに塩を軽くふり、器に盛る。
2　アンチョビ、緑オリーブ、玉ネギ、パセリを合わせ、1の上に散らす。

キャベツ、白菜、水菜 >

鯛の燻製のキャベツ包み

鶏肉ときのこのキャベツ包み

豚ばら角煮の白菜蒸し

水菜とベーコンのソテー

オリーブ、ピクルス ＞

オリーブマリネ３種

野菜のピクルス

鯛の燻製のキャベツ包み

材料（1個分）
鯛の燻製（p.77参照） 50g
生ハム（プロシュート） 1/2枚
スタッフド・オリーブ、黒オリーブ 各1個
キャベツ（葉） 適量
塩

キャベツは芯をとり、塩ゆでし、いったん水にとる。水分をよく切って広げ、鯛の燻製、生ハム、大まかに切ったスタッフド・オリーブと黒オリーブをのせて包み、蒸し器で蒸す（10～15分）。

鶏肉ときのこのキャベツ包み

材料（1個分）
鶏モモ肉 50g
シメジ 15g
シイタケ 20g
マイタケ 20g
玉ネギのコンフィ（p.220参照） 適量
キャベツ（葉） 適量
サラダ油、塩、コショウ

1 鶏肉は食べやすい大きさに切り塩、コショウをし、サラダ油をひいたフライパンで表面を焼く。別のフライパンにサラダ油をひき、大まかに切ったキノコ類を炒める。
2 キャベツは芯をとり、塩ゆでし、いったん水にとる。水分をよく切って広げ、1の鶏肉とキノコ類、玉ネギのコンフィをのせて包み、蒸し器で蒸す（10～15分）。

豚ばら角煮の白菜蒸し

材料（作りやすい量）
豚バラ肉（塊） 500g
マリネ液
├ 赤ワイン 360g
├ ハチミツ 50～60g
├ ニンニク（薄切り） 適量
├ ショウガ（薄切り） 適量
├ ローリエ 適量
└ 塩、コショウ
　＊合わせる
タケノコ（ゆでたもの。みじん切り） 15g
白菜（ゆでたもの） 適量

1 豚バラ肉を、マリネ液に半日以上漬け込む。
2 1をマリネ液ごと鍋に移し、4～5時間弱火で煮込む。
3 2を小角切りにしてタケノコと混ぜ、白菜の上にのせて筒状に巻く。蒸し器で蒸す（約5分）。

水菜とベーコンのソテー

材料（1人分）
水菜（5cm長さに切る） 100g
ベーコン（5mm幅の拍子木切り） 50g
オリーブ油 少量
塩、コショウ 各少量

1 鍋にオリーブ油とベーコンを入れて火にかける。
2 ベーコンから香りが出てきたら、水菜の茎の部分を入れて強火で炒める。
3 2がしんなりしてきたら葉の部分を入れ、軽く炒めて塩、コショウで味を調える。

オリーブマリネ3種

材料
A
- 緑オリーブ　20〜30個
- 玉ネギ（薄切り）　5g
- イタリアンパセリ（みじん切り）　少量
- ニンニク（薄切り）　1/2片分
- オリーブ油　20g

B
- 緑オリーブ　20〜30個
- パプリカ（粉）　2g
- ニンニク（薄切り）　1/2片分
- 玉ネギ（薄切り）　5g
- オリーブ油　20g

C
- 緑オリーブ　20〜30個
- ニンニク（薄切り）　1/2片分
- ローズマリー　1枝
- 赤トウガラシ（輪切り）　少量
- オリーブ油　30〜40g

A、B、Cそれぞれの材料を合わせ、半日以上漬けておく。

野菜のピクルス

材料
キャベツ、ニンジン、大根、キュウリ、セロリ
　各適量
ピクルス液（作りやすい量）
- フルーツヴィネガー　300g
- 水　1200g
- 塩　70g
- コショウ　適量
- ニンニク（皮をむいて縦半分に切る）　1〜2片
- 赤トウガラシ　1〜2本
- ローリエ　1枚
- ディル　適量

1　ディル以外のピクルス液の材料を鍋に合わせ、一度沸騰させ、冷めてからディルを加える。
2　野菜は大きめに切り、1に漬ける。できれば1種類ずつ別々に。時間は野菜により、一晩からそれ以上。

野菜のテリーヌ、ゼリー寄せ ＞

春野菜サラダのテリーヌ仕立て

魚介と野菜のゼリー寄せテリーヌ

冬野菜のテリーヌ仕立て

アボカドと小えびのテリーヌ

春野菜サラダのテリーヌ仕立て

野菜を使ったテリーヌやゼリー寄せは、
見た目にも美しく、季節感が表現できる。
旬の野菜を使い、それぞれの季節らしいものを
提供したい。

材料（6×4×25cmのテリーヌ型1本分）
A
├ キャベツ（ゆでる） 4枚
├ ウド（皮をむいて塩もみし、縦半分に切る）
│ 1/2本分
├ カブ（皮をむいて塩もみし、くし形に切る）
│ 2～3個分
├ スナップエンドウ（ゆでる） 12個
├ ソラ豆（ゆでて薄皮をとる） 15個
├ グリーンアスパラガス（ゆでる） 8本
├ ニンジン（皮をむいてゆでて、縦半分に切る）
│ 1/2本分
├ ジャガイモ（ゆでて皮をむき、縦4等分に切る）
│ 1個分
└ ゴボウ（皮を包丁の背で軽くこそげとり、ブランシールする） 1/4本分

ブロッコリーマヨネーズ
├ ゆでたブロッコリーの穂先部分（みじん切り）
│ 1/4株分
└ マヨネーズ 50g

イチゴドレッシング
├ イチゴのピュレ（裏漉したもの） 100g
├ 赤ワインヴィネガー 10g
├ サラダ油 40g
└ 塩 少量

1 型にラップフィルムを敷き、その上にAの野菜を彩りよく並べる。ふたをして、重石をし、冷蔵庫に半日～1日置く。
2 ブロッコリーとマヨネーズを合わせ、ブロッコリーマヨネーズを作る。
3 イチゴのピュレと赤ワインヴィネガー、サラダ油を合わせ、塩で味を調えて、イチゴドレッシングを作る。
4 1を型からとり出して1.5cm幅に切り、皿に盛り、2と3を添える。

＊野菜は季節のものを使う。

魚介と野菜のゼリー寄せテリーヌ

材料（パウンド型1本分）
ホタテ貝柱 6個
エビ（殻つき） 10尾
塩、コショウ
A
├ ニンジン（5mm角拍子木切り） 100g
├ セロリ（5mm角拍子木切り） 50g
├ サヤインゲン 8本
├ 長ネギ 1本
└ キャベツ（青い部分） 4枚
プティトマト 6～8個
B
├ ブイヨン（p.231参照。濃いもの） 200g
├ 塩 2g
└ ゼラチン 3g
ソース
├ トマト 100g
├ 塩 1g
└ オリーブ油 30g
　＊合わせてミキサーにかける

1 ホタテ貝柱は塩、コショウをして2～3分蒸す。エビは殻つきのまま塩ゆでして殻をむく。
2 Aの野菜類は塩ゆでする。芯が少し残るくらいで冷水にとり、水気をよく切っておく。
3 Bのブイヨンに塩とゼラチンを煮溶かして冷まし、ゼリーを作っておく。
4 パウンド型に2のキャベツを敷き込み、3のゼリーを少しずつ流し込みながら、1の魚介と残りの2の野菜、プティトマトをきれいに並べ入れる。最後に再びキャベツを敷き詰め、冷蔵庫でよく冷やす（半日ほど）。
5 4を型から抜いて1.5cmほどの厚さに切り、器に盛る。まわりにソースを添える。

冬野菜のテリーヌ仕立て

材料(6×4×25cmのテリーヌ型1本分)
A
├ 里イモ(固めに蒸したもの) 4〜5個
├ サツマイモ(蒸したもの) 1/2個
├ 白菜(ブランシールしたもの。または生) 1枚
├ 小松菜(さっとブランシールしたもの) 1〜2本
├ 大根(塩もみしたもの) 1/5本
├ シイタケ(蒸したもの) 4〜5個
└ ゴボウ(ブランシールしたもの) 1/2本
ヴィネグレットソース(p.236参照) 適量

1 型にラップフィルムを敷き、Aの野菜を隙間なく、バランスよく並べる。ふたをして、重石をし、冷蔵庫に半日ほど置く。
2 型からとり出して1.5cm幅に切り、皿に盛り、ヴィネグレットソースを添える。

アボカドと小えびのテリーヌ

材料(5×4×20cmのテリーヌ型1本分)
アボカド 4〜5個
むきエビ 250g
レモン汁 適量
塩、コショウ

1 むきエビは塩ゆでし、冷まして水分をよく切っておく。
2 アボカドは半割りにして種をとり、皮をむき、更に縦半分に切る。ボウルに入れ、レモン汁1/2個分と塩を適量加え、形を崩さないように混ぜる。
3 テリーヌ型にラップフィルムを敷き、2のアボカドの1/2量を敷き詰める。その上に軽く塩、コショウをした1のエビを並べ、平らなものでおさえる。残りのアボカドを敷き詰めてラップフィルムで包み、重石をし、冷蔵庫で最低1日ねかせる。
4 適当な厚さに切り、器に盛る。

5色オムレツ

豆 >

白いんげん豆といかのサラダ

白いんげん豆と野菜の煮込み

白いんげん豆のトマト煮

5色オムレツ

材料（11×8×32cm のテリーヌ型1本分）

1の層

材料
ニンジン（みじん切り）　100g
バター　10g
A
├ 卵　2個
├ 生クリーム　30g
├ 玉ネギ（みじん切りにし、バターで炒めたもの）
│　20g
└ 塩、コショウ　各少量

1 ニンジンを半量のバターでソテーして、歯応えが残るくらいまで火を入れて、冷ます。
2 ボウルに1のニンジンとAを入れて混ぜ合わせる。
3 鍋に残りのバターを入れて弱火にかけ、2を入れて、混ぜながらスクランブルエッグになるぐらいまで火を入れる。

2の層

材料
ホウレン草（葉の部分）　100g
A
├ バター　4g
├ 卵　2個
├ 生クリーム　30g
├ 玉ネギ（みじん切りにし、バターで炒めたもの）
│　20g
└ 塩、コショウ　各少量
バター　5g

1 ホウレン草はゆでて水気を切り、みじん切りにする。
2 ボウルに1のホウレン草とAを入れて混ぜ合わせる。
3 鍋にバターを入れて弱火にかけ、2を入れて、混ぜながらスクランブルエッグになるぐらいまで火を入れる。

3の層

材料
A
├ カボチャ（皮をむき、ゆでて裏漉したもの）　120g
├ 卵　2個
├ 生クリーム　40g
└ 塩、コショウ　各少量
バター　5g

1 ボウルにAの材料を入れて混ぜ合わせる。
2 鍋にバターを入れて弱火にかけ、1を入れて、混ぜながらスクランブルエッグになるぐらいまで火を入れる。

4の層

材料
A
├ トマトペースト　40g
├ 卵　3個
├ 生クリーム　30g
├ 玉ネギ（みじん切りにして、バターで炒めたもの）
│　20g
└ 塩、コショウ　各少量
バター　5g

1 ボウルにAの材料を入れて混ぜ合わせる。
2 鍋にバターを入れて弱火にかけ、1を入れて、混ぜながらスクランブルエッグになるぐらいまで火を入れる。

5の層

材料
シメジ（みじん切り）　50g
シイタケ（みじん切り）　50g
バター　10g
A
├ 卵　2個
├ 生クリーム　30g
├ 玉ネギ（みじん切りにし、バターで炒めたもの）
│　20g
└ 塩、コショウ　各少量

1 シメジ、シイタケを半量のバターでソテーし、冷ます。
2 ボウルに1とAの材料を入れて混ぜ合わせる。
3 鍋に残りのバターを入れて弱火にかけ、2を入れて、混ぜながらスクランブルエッグになるぐらいまで火を入れる。

焼く

型の内側にクッキングペーパーを敷き、バターを薄く塗っておく。**1**の層から**5**の層までを一層ずつ丁寧に流し込み、湯煎にして120℃のオーブンに入れ、30〜40分ほど加熱する。冷ましたのち、冷蔵庫に入れる。

＊盛りつけ

型から抜き、好みの厚さに切り、器に盛りつける。

白いんげん豆と野菜の煮込み

材料（2、3人分）
白インゲン豆（乾燥） 100g
ニンニク（つぶす） 1片
ベーコン（5mm幅の拍子木切り） 30g
玉ネギ（5mm角切り） 50g
セロリ（5mm角切り） 20g
ニンジン（5mm角切り） 30g
サラダ油 適量
ブイヨン（p.231参照） 500g
ローリエ 1枚
塩、コショウ

1 白インゲン豆は、500gの水に1日ほどつけておく。
2 たっぷりの水に1の豆を入れ、水からゆでる。
3 鍋にサラダ油をひき、ニンニクを入れて熱する。香りが立ったらベーコンを入れて炒める。
4 3に玉ネギ、セロリ、ニンジンを加え、ブイヨンを入れてローリエを入れ、軽く煮込む。
5 2のインゲン豆にだいたい火が通ったら湯を捨て、豆を4に加えて更に10分ほど煮込む（豆が煮崩れない程度）。味がなじんだら塩、コショウで味を調える。

白いんげん豆といかのサラダ

材料（1、2人分）
白インゲン豆（水で戻してゆでたもの） 100g
イカ（蒸して棒状に切る） 30g
玉ネギ（小角切り） 20g
セロリ（小角切り） 10g
生ハム（細切り） 20g
イタリアンパセリ（みじん切り） 少量
オリーブ油、バルサミコ酢、赤ワインヴィネガー
塩、コショウ

すべての材料を混ぜ合わせて、器に盛る。

白いんげん豆のトマト煮

材料（2、3人分）
白インゲン豆（乾燥） 100g
ニンニク（つぶす） 1片
ベーコン（5mm幅の拍子木切り） 30g
チョリソー・ソーセージ（3等分に斜め切り）
　2、3本分
玉ネギ（5mm角切り） 50g
セロリ（5mm角切り） 20g
ニンジン（5mm角切り） 30g
サラダ油 適量
ブイヨン（p.231参照） 250g
トマトソース（p.233参照） 250g
ローリエ 1枚
塩、コショウ

1 白インゲン豆は、500gの水に1日ほどつけておく。
2 たっぷりの水に1の豆を入れ、水からゆでる。
3 鍋にサラダ油をひき、ニンニクを入れて熱する。香りが立ったらベーコンを入れて炒める。
4 3にチョリソー・ソーセージ、玉ネギ、セロリ、ニンジンを加え、ブイヨン、トマトソースを入れてローリエを入れ、軽く煮込む。
5 2のインゲン豆にだいたい火が通ったら湯を捨て、豆を4に加えて更に10分ほど煮込む（豆が煮崩れない程度）。味がなじんだら塩、コショウで味を調える。

きのこ ＞

エリンギのソテー

エリンギのグリエ

エリンギのマリネ　赤ワインヴィネガー風味

きのこのギリシャ風マリネ

マッシュルームのマドリッド風

丸ごとしいたけの鶏肉詰め

エリンギのソテー

材料（1、2人分）
エリンギ（大きめのものを縦4等分に切る）　3本分
バター　20g
パセリ（みじん切り）　少量
レモン（薄切り）　1枚
塩、コショウ　各少量

フライパンにバターを溶かし、エリンギを中火でソテーする（バターを焦がさないように注意する）。塩、コショウで味を調え、仕上げにパセリとレモンを加え、器に盛る。

エリンギのグリエ

材料（2人分）
エリンギ（大きめのものを縦半分に切る）　3本分
E.V. オリーブ油　適量
バルサミコ酢　適量
パルミジャーノ・レッジャーノ・チーズ（薄く削ったもの）　適量

エリンギをグリルして、器に盛り、E.V. オリーブ油、バルサミコ酢をかけ、パルミジャーノ・レッジャーノ・チーズをかける。

エリンギのマリネ　赤ワインヴィネガー風味

材料（1人分）
エリンギ（太めのもの）　1本
サラダ油　少量
赤ワインヴィネガー、E.V. オリーブ油　各適量（同量）
塩、コショウ　各少量

1 エリンギは縦に5mm厚さに切る。フライパンにサラダ油をひき、エリンギをソテーする。
2 赤ワインヴィネガーとE.V. オリーブ油を同量ずつ混ぜ合わせ塩、コショウで味を整える。
3 1のエリンギを器に並べ、2をかける。

＊薄く切ったエリンギを、生のままマリネしてもよい。

きのこのギリシャ風マリネ

材料（作りやすい量）
キノコ
├ エリンギ（5mm幅の斜め切り）　50g
├ マッシュルーム（縦半分に切る）　50g
├ シメジ（大きめにほぐす）　100g
└ シイタケ（笠の締まったもの。4等分に切る）
　　100g
玉ネギ（1cm幅のくし形切り）　1/4個（60g）
赤トウガラシ　1本
ニンニク　1/2片
サラダ油　30g
オリーブ油　30g
白ワイン　80g
塩　5g
赤ワインヴィネガー　大さじ1
コリアンダー　10粒
ミニョネット　10粒
ローリエ　1/2枚

1 サラダ油、オリーブ油を鍋に入れ、赤トウガラシ、つぶしたニンニクを入れて火にかける。
2 ニンニクから香りが立ってきたら、玉ネギを入れて炒める。
3 玉ネギがしんなりしたらキノコを入れ、更に炒める。
4 キノコにある程度火が入ったら白ワインを加える。
5 4に塩、赤ワインヴィネガーを加え、コリアンダー、ミニョネット、ローリエを入れて3〜5分弱火で煮る。冷蔵庫で1日以上冷やしてから食べるとよい。

マッシュルームのマドリッド風

材料(2、3人分)
マッシュルーム　6個
ニンニク(みじん切り)　少量
コッパ(細いせん切り)　少量
パセリ(みじん切り)　少量
オリーブ油　少量
塩　少量

1　エスカルゴ用の器の穴に、笠のほうを下にしてマッシュルームを入れる。
2　1の上にニンニク、コッパ、パセリをのせて塩をふり、オリーブ油を穴にたっぷり入れる。
3　180℃のオーブンで10分ほど焼く。

丸ごとしいたけの鶏肉詰め

材料(1個分)
シイタケ(大)　1個
玉ネギ(みじん切り)　20g
鶏粗挽き肉　50g
塩、コショウ、サラダ油　各適量
パルミジャーノ・レッジャーノ・チーズ(すりおろし)
揚げ油

1　シイタケは石づきと笠に分け、笠は素揚げする。石づきはみじん切りにし、サラダ油でソテーする。
2　1の石づきと玉ネギ、鶏粗挽き肉、塩、コショウを混ぜ合わせてファルスを作る。
3　1のシイタケの笠に2のファルスを詰め、パルミジャーノ・レッジャーノ・チーズをふりかける。
4　150℃のオーブンで7～8分、焼き色がつくまで焼く。

リゾット　サーモンクリームソース (フォトp.50)

米から作る本格的なリゾットは、時間もかかり手間だが、ここではご飯やあらかじめ作りおいたリゾットライスを使って作る、簡単な方法をご紹介した。盛りつけも工夫して新鮮な一品に。

材料(1、2人分)
プレーンリゾット
├ ご飯　80g
├ ブイヨン(p.231参照)　50g
├ 生クリーム　20g
├ パルミジャーノ・レッジャーノ・チーズ
　(すりおろし)　大さじ2
└ 塩、コショウ
サーモンクリームソース
├ スモークサーモン(細かく刻んだもの)　30g
├ ホウレン草(ゆでてみじん切りにしたもの)　15g
├ バター　5g
├ ニンニク(みじん切り)　少量
├ 生クリーム　50g
├ ブイヨン　少量
└ 塩、コショウ

1　サーモンクリームソースを作る。鍋にバター、ニンニクを入れて熱し、香りが立ったらスモークサーモンを加えて軽く炒め、ブイヨンと生クリームを加えて混ぜ、ホウレン草を入れ、塩、コショウで味を調える。
2　プレーンリゾットを作る。別鍋にブイヨンと生クリームを入れて火にかけ、沸いてきたらご飯を入れる。パルミジャーノ・レッジャーノ・チーズを加え、塩、コショウで味を調える。
3　2をセルクル型に詰めて器にあけ、1のソースをまわりに注ぐ。

＊あらかじめ仕込んでおく場合は3のように型に詰めたものを作っておき、注文が入ってから電子レンジで温めるとよい。

米 >

リゾット　サーモンクリームソース
(作り方 p.49)

サフランリゾット
マッシュルームクリームソース

いか墨のリゾット　パプリカトマトソース

リゾット　いか包み
しいたけクリームソース

サフランリゾット　いか包み
あさりソース (作り方 p.56)

いか墨のリゾット　いか包み
トマトソース (作り方 p.56)

サフランリゾット　マッシュルームクリームソース

材料（1、2人分）
サフランリゾット
├ サフランライス（p.56参照）　80g
├ ブイヨン（p.231参照）　100g
├ 生クリーム　20g
├ パルミジャーノ・レッジャーノ・チーズ
│　（すりおろし）　大さじ2
└ 塩、コショウ
マッシュルームクリームソース
├ バター　5g
├ マッシュルーム（薄切り）　2個分
├ 長ネギ（青い部分。せん切り）　20g
├ ニンニク（みじん切り）　少量
├ 白ワイン　大さじ2
├ ブイヨン　少量
├ 生クリーム　50g
└ 塩、コショウ

1　マッシュルームクリームソースを作る。鍋にバター、ニンニクを入れて熱し、香りが立ってきたらマッシュルーム、長ネギを加えて軽く炒め、白ワインを入れ、ブイヨンを入れ、生クリームを加えて塩、コショウで味を調える。

2　サフランリゾットを作る。別鍋にブイヨンを入れて火にかけ、沸いてきたらサフランライスを入れる。生クリームを入れ、パルミジャーノ・レッジャーノ・チーズを加えて塩、コショウで味を調える。

3　2をセルクル型に詰めて器にあけ、1のソースをまわりに注ぐ。

いか墨のリゾット　パプリカトマトソース

材料（1、2人分）
イカ墨リゾット
├ リゾットライス（p.53参照）　80g
├ ブイヨン（p.231参照）　100g
├ 生クリーム　20g
├ イカ墨ソース（p.120参照）　適量
├ パルミジャーノ・レッジャーノ・チーズ
│　（すりおろし）　大さじ2
└ 塩、コショウ
パプリカトマトソース
├ オリーブ油　大さじ2
├ 赤、黄パプリカ（ジャンボピーマン。5mm角切り）
│　計25g
├ トマトソース（p.233参照）　80g
└ 塩、コショウ

1　パプリカトマトソースを作る。鍋にオリーブ油を入れ、パプリカを炒め、トマトソースを加え、塩、コショウで味を調える。

2　イカ墨リゾットを作る。別鍋にブイヨンを入れて火にかけ、沸いてきたらリゾットライスを入れる。生クリームを入れ、イカ墨ソースを入れ、パルミジャーノ・レッジャーノ・チーズを加えて塩、コショウで味を調える。

3　2をセルクル型に詰めて器にあけ、1のソースをまわりに注ぐ。

リゾット いか包み しいたけクリームソース

キューブ状に冷凍しておいたリゾットを利用して作る。
薄くスライスしたイカは、いろいろ使えておもしろい。

材料（1人分）
モンゴウイカ（5cm角、1.5mm厚さ＊）　2枚
＊半冷凍状態にして、スライサーで切ったもの
プレーンリゾット（右記参照。キューブ状＊）　2個
＊右記のようにして作ったプレーンリゾットを、ラップフィルムを敷いた家庭用の製氷皿に詰め、冷凍庫に入れてキューブ状に固めたもの
シイタケ（みじん切り）　1/2個分
生クリーム　大さじ3
ブイヨン（p.231参照）　少量
バター　適量
塩、コショウ、レモン汁　各少量

1 キューブ状のプレーンリゾットを電子レンジで温め、それぞれのイカの中央にのせて包む。
2 1を蒸し器に入れて加熱する（イカに透明感が出て、リゾットの色が透けるくらいまで）。
3 鍋にバターを溶かし、シイタケを炒める。ブイヨン、生クリームを加えて軽く煮詰め塩、コショウ、レモン汁で味を調える。
4 3を器に薄く敷き、2を盛る。

プレーンリゾット

材料（目安の量）
リゾットライス（下記参照）　100g
ブイヨン（p.231参照）　60g
生クリーム　大さじ2
パルミジャーノ・レッジャーノ・チーズ
　（すりおろし）　大さじ1
塩、コショウ

鍋にリゾットライスとブイヨンを入れて火にかけ、生クリームを加える。水分が煮詰まったらパルミジャーノ・レッジャーノ・チーズを加え塩、コショウで味を調える。

リゾットライス

材料（作りやすい量）
米　500g
ブイヨン（p.231参照）　500g
玉ネギ（みじん切り）　80g
バター　30g
ローリエ　1/2枚
塩、コショウ

1 鍋にバターを入れて火にかけ、玉ネギをゆっくり炒める。
2 玉ネギが透き通ってきたら米を加え、よく炒める。
3 2にブイヨンを加え、塩、コショウ、ローリエを入れ、混ぜながら沸かす。ふたをして150℃のオーブンに20分ほど入れ、オーブンからとり出して10分ほど蒸らし、むらなく混ぜる。

きのこおじや　　　　　　　　　　　　魚介の洋風おじや

パスタ >

カネロニ　挽き肉ソース

カネロニ　ポルチーニクリーム

サフランリゾット　いか包み
あさりソース（フォトp.51）

材料（1人分）
モンゴウイカ（5cm角、1.5mm厚さ＊）　2枚
＊半冷凍状態にして、スライサーで切ったもの
サフランリゾット（下記参照。キューブ状＊）　2個
＊下記のようにして作ったサフランリゾットを、ラップフィルムを敷いた家庭用の製氷皿に詰め、冷凍庫に入れてキューブ状に固めたもの
アサリ　3個
白ワイン　少量
長ネギ（みじん切り）　大さじ1
生クリーム　大さじ2
塩、コショウ

1 キューブ状のサフランリゾットを電子レンジで温め、それぞれのイカの中央にのせて包む。
2 1を蒸し器に入れて加熱する（イカに透明感が出て、リゾットの色が透けるくらいまで）。
3 アサリを鍋に入れ、白ワインを加えてワイン蒸しにする。殻をとり除き、長ネギを加えて軽く火を通し、生クリームを加え塩、コショウで味を調える。
4 3を器に薄く敷き、2を盛る。

サフランリゾット

材料（目安の量）
サフランライス（下記参照）　100g
ブイヨン（p.231参照）　60g
生クリーム　大さじ2
パルミジャーノ・レッジャーノ・チーズ（すりおろし）　大さじ1
塩、コショウ

鍋にサフランライスとブイヨンを入れて火にかけ、生クリームを加える。水分が煮詰まったらパルミジャーノ・レッジャーノ・チーズを加え塩、コショウで味を調える。

サフランライス

リゾットライス（p.53）の作り方3で、ブイヨンを入れるときにサフランをひとつまみほど加えて同様に作る。

いか墨のリゾット　いか包み
トマトソース（フォトp.51）

材料（1人分）
モンゴウイカ（5cm角、1.5mm厚さ＊）　2枚
＊半冷凍状態にして、スライサーで切ったもの
イカ墨リゾット（下記参照。キューブ状＊）　2個
＊下記のようにして作ったイカ墨リゾットを、ラップフィルムを敷いた家庭用の製氷皿に詰め、冷凍庫に入れてキューブ状に固めたもの
トマトソース（p.233参照）　50g
オリーブ油　10g

1 キューブ状のイカ墨リゾットを電子レンジで温め、それぞれのイカの中央にのせて包む。
2 1を蒸し器に入れて加熱する（イカに透明感が出て、リゾットの色が透けるくらいまで）。
3 トマトソースをミキサーにかけ、鍋に移して温め、オリーブ油でモンテする。
4 3を器に薄く敷き、2を盛る。

イカ墨リゾット

材料（目安の量）
リゾットライス（p.53参照）　100g
ブイヨン（p.231参照）　60g
生クリーム　大さじ2
パルミジャーノ・レッジャーノ・チーズ（すりおろし）　大さじ1
イカ墨ソース（p.120参照）　大さじ1
塩、コショウ

鍋にリゾットライスとブイヨンを入れて火にかけ、生クリームを加える。水分が煮詰まったらパルミジャーノ・レッジャーノ・チーズ、イカ墨ソースを加え塩、コショウで味を調える。

きのこおじや

材料（1、2人分）
サフランライス（p.56参照） 50g
エリンギ 1個
シイタケ（1cm角切り） 2個分
シメジ（1cm角切り） 少量
ブイヨン（p.231参照） 40g
生クリーム 20g
サラダ油、塩、コショウ

1 エリンギは縦半分に切り、サラダ油を熱したフライパンでソテーする。
2 鍋にブイヨンを入れ、シイタケとシメジを加えて一煮立ちさせ、サフランライスを入れ、生クリームを加えて塩、コショウで調味する。ソースをあまり煮詰めない程度で火を止める。
3 2を器に盛り、1のエリンギをのせる。

魚介の洋風おじや

材料（1、2人分）
ご飯 40〜50g
アオヤギ 2個
ホタテ貝柱（横半分に切ったもの） 1個分
小柱 10個
エビ（ゆでて殻をむいたもの） 2尾
生ハム 1/2枚
ブイヨン（p.231参照） 40〜50g
グリーンソース（p.165参照） 15〜20g
塩、コショウ
芽ネギ

1 ご飯は水ですすぎ、粘りをとる。
2 鍋にブイヨンを入れ、1のご飯とアオヤギ、ホタテ貝柱、小柱、エビを入れて軽く一煮立ちさせ、グリーンソースと生ハムを入れ、塩、コショウで味を調える。
3 2を器に盛り、芽ネギを散らす。

カネロニ　挽き肉ソース

酒のつまみとして出すパスタ。分量は少なめにして、食事のパスタとは少し印象を変えてみた。

材料（2人分）
カネロニ 2本
玉ネギ（薄切り） 50g
豚挽き肉 100g
ジュ・ド・ヴォライユ（p.232参照） 100g
ハチミツ 20g
イタリアンパセリ（みじん切り） 少量
塩、ミニョネット
サラダ油

1 鍋にサラダ油をひき、玉ネギを軽く炒め、豚挽き肉を加えて更に火が入るまで炒める。
2 1にジュ・ド・ヴォライユとハチミツを加え、煮詰める。水分がなくなったところで塩、ミニョネットで味を調える。
3 カネロニを塩を加えた湯でゆで上げ、器に盛り、2をかけてイタリアンパセリをふる。

カネロニ　ポルチーニクリーム

材料（2人分）
カネロニ 2本
ポルチーニ（乾燥） 20g
バター 15〜20g
ニンニク（みじん切り） 少量
白ワイン 大さじ2
ブイヨン（p.231参照） 30g
生クリーム 30g
パルミジャーノ・レッジャーノ・チーズ（すりおろし） 適量
塩、コショウ

1 ポルチーニは60gの水に1分ほどつけて戻す。
2 鍋にバターを10g入れて火にかけ、ニンニクを炒める。香りが出てきたら、水気を切った1のポルチーニを入れて炒める。
3 2に白ワインを入れてブイヨン、ポルチーニの戻し汁を加え、1/3量になるまで煮詰める。生クリームを加えて少し加熱し、5〜10gのバターでモンテして塩、コショウで調味する。
4 カネロニを塩を加えた湯でゆでて器に盛り、3のソースをかけ、パルミジャーノ・レッジャーノ・チーズをふる。

トマトとモッツァレラの冷製スパゲッティ

魚介の冷製スパゲッティ

冷製スパゲッティ　ピリ辛トマトソース

魚介の冷製　カネロニ詰め

まぐろの冷製　カネロニ詰め

トマトとモッツァレラの冷製スパゲッティ

材料（1人分）
カッペリーニ（乾燥）　30g
トマト（5mm厚さの輪切り）　2枚
モッツァレラ・チーズ（薄切り）　2枚
セロリ（5mm角切り）　少量
キュウリ（皮をむいて5mm角切り）　少量
プティトマト　1/2個
ピリ辛トマトソース（p.236参照）　40g
セロリの葉　少量
塩、コショウ、粗挽き黒コショウ

1 カッペリーニを塩を加えた湯でゆで上げ、氷水にとって冷やし、水気を切って器に盛る。
2 トマトとモッツァレラ・チーズに軽く塩、コショウをふって1にのせ、セロリ、キュウリ、プティトマトをあしらい、ピリ辛トマトソースをかける。セロリの葉を飾り、粗挽き黒コショウをモッツァレラ・チーズの上にかける。

魚介の冷製スパゲッティ

材料（1人分）
カッペリーニ（乾燥）　30g
アオヤギ　2個
ホタテ貝柱（小。横半分に切る）　1個分
小柱　10個
生ハム　1/2枚
芽ネギ　少量
グリーンソース（p.165参照）、コンソメ（p.232参照）
　　各少量
塩

1 カッペリーニを塩を加えた湯でゆで上げ、氷水にとって冷やし、水気を切って器に盛る。
2 グリーンソースとコンソメを合わせてソースを作り、1にかける。アオヤギ、ホタテ貝柱、小柱、生ハム、芽ネギをのせ、上から再びソースをかける。

冷製スパゲッティ　ピリ辛トマトソース

材料（1人分）
スパゲッティ（乾燥）　30g
ピリ辛トマトソース（p.236参照）　適量
ルコラ　1本
塩

スパゲッティを塩を加えた湯でゆで上げ、氷水にとって冷やし、水気を切って器に盛る。ピリ辛トマトソースをかけ、ルコラを添える。

魚介の冷製　カネロニ詰め

材料（2人分）
カネロニ　2本
レタス　2枚
エビ（塩ゆでし、5mm角切り）　30g
イカ（塩ゆでし、5mm角切り）　30g
セロリ（5mm角切り）　10g
トマト（5mm角切り）　20g
レモンドレッシング　適量
└ レモン汁とオリーブ油を同量ずつ混ぜ合わせ、塩で味を調える
塩

1. カネロニを塩を加えた湯でゆで上げ、氷水にとって冷やし、水気を切る。レタスも軽くゆで、氷水で冷やし、水気を切る。
2. エビ、イカ、セロリ、トマトをレモンドレッシングで和えて、塩で味を調え、1のカネロニに詰める。レタスで包み、器に盛る。

まぐろの冷製　カネロニ詰め

材料（2人分）
カネロニ　2本
マグロの赤身（1cm角切り）　80g
大根（5mm角切り）　40g
三つ葉（みじん切り）　少量
ソース
├ ショウユ　大さじ2
├ おろしワサビ　少量
└ サラダ油　少量
　＊混ぜ合わせる
塩

1. カネロニを塩を加えた湯でゆで上げ、氷水にとって冷やし、水気を切る。
2. マグロ、大根、三つ葉を1に詰めて器に盛り、まわりにソースをかける。

魚介

鮭 >

サーモンの冷製　ピリ辛トマトソース　　　　　サーモンの冷製　ディルマヨネーズ

サーモンの冷製　春野菜のサラダ仕立て

サーモンのマリネ　甘いディルマヨネーズ

サーモンの冷製　ピリ辛トマトソース

半生に火を入れた鮭には、
ソテーやフライなどにはないおいしさがある。

材料（1人分）
タスマニアサーモン（ノルウェーなど他のサーモンでも可）　1切れ（50g）
ピリ辛トマトソース（p.236参照）　適量
パセリ（みじん切り）　適量
塩、コショウ

1　サーモンは皮をとって塩、コショウし、60℃のオーブンで8～10分、半生程度に火を通す。
2　1を冷蔵庫に入れ、冷えたら器に盛り、ピリ辛トマトソースとパセリを合わせてかける。

サーモンの冷製　ディルマヨネーズ

材料（1人分）
タスマニアサーモン（ノルウェーなど他のサーモンでも可）　1切れ（50g）
マヨネーズ　30g
ディル（みじん切り）　少量
生クリーム　少量
温泉卵（p.153参照）　1個
ホワイトアスパラガス　1本
塩、コショウ

1　ホワイトアスパラガスをゆで、1/2の長さに切る。
2　サーモンは皮をとって塩、コショウし、60℃のオーブンで8～10分、半生程度に火を通し、冷蔵庫で冷やす。
3　マヨネーズ、ディル、生クリームを混ぜ合わせ塩、コショウで味を調える。
4　2のサーモンと1のアスパラガスを器に盛り、3のソースをかけ、温泉卵を添える。

サーモンの冷製　春野菜のサラダ仕立て

材料（1人分）
タスマニアサーモン（ノルウェーなど他のサーモンでも可）　1切れ（50g）
レタス（ブランシールする）　1枚
新玉ネギ（くし形切りにし、ブランシールする）　1/6個分
ソラ豆（塩ゆでし、薄皮を除いたもの）　3個
エシャロット（または玉ネギ。みじん切り）　少量
赤ワインヴィネガーオイル（p.235参照）　適量
塩、コショウ

1　サーモンは皮をとって塩、コショウし、60℃のオーブンで8～10分、半生程度に火を通し、冷蔵庫で冷やす。
2　器にレタスを敷き、1のサーモンをのせ、新玉ネギ、ソラ豆をあしらい、赤ワインヴィネガーオイルにエシャロットを混ぜ合わせてかける。

サーモンのマリネ　甘いディルマヨネーズ

材料
サーモンのマリネ＊　適量
＊塊のサーモンの皮をとり、塩を少量ふって2～3時間以上おいたもの
甘いディルマヨネーズ（作りやすい量）
├マヨネーズ　50g
├グラニュー糖　30g
├赤ワインヴィネガー　15g
└ディル　適量

1　サーモンのマリネを、薄く、幅広めに切る。
2　甘いディルマヨネーズを作る。鍋にグラニュー糖、赤ワインヴィネガーを入れて半量になるくらいまで煮詰める。冷ましてからマヨネーズを合わせ、刻んだディルを加える。
3　1のサーモンを器に盛り、上に2を適量のせる。

サーモンのマリネ　大根巻き

サーモンの腹身の燻製　　　　　　　　　　サーモンの腹身の燻製のティエド

サーモンのマリネ　大根巻き

材料（3人分）
サーモンのマリネ（p.65参照。薄切り）　3枚
大根（輪切り。または桂むき）　3枚
塩　適量
緑茶（抽出液）　大さじ2
オリーブ油　大さじ1
レモン汁　小さじ1

1 大根に塩をふり、しばらくおく。
2 1がしんなりしてきたら水気を切って広げ、その上にサーモンのマリネをのせて巻く。1つを3等分ほど（2cm厚さ）に切り、器に盛る。
3 緑茶にオリーブ油とレモン汁を混ぜて、2にかける。

サーモンの腹身の燻製

材料(作りやすい量)
サーモンの腹身の燻製
- サーモンの腹身　500g
- 塩　100g
- グラニュー糖　100g
- 黒粒コショウ(軽くつぶしたもの)　10g

大根(拍子木切り)　適量
塩、レモン汁、オリーブ油

1　サーモンの腹身の燻製を作る。サーモンの腹身全体に塩、グラニュー糖、黒粒コショウを混ぜたものをまんべんなくまぶして2時間おき、マリネする。
2　1を水で洗い流し、そのまま流水で30分塩抜きする。
3　2の水気をとり除き、スモーカーで3時間燻製にかける。
4　大根に塩をふってしばらくおき、水気を切ってレモン汁、オリーブ油をまぶす。
5　3の燻製の皮と薄皮をとり除き、食べやすい大きさに切って器に並べ、4の大根のマリネを添える。

サーモンの腹身の燻製のティエド

材料
サーモンの腹身の燻製(左記参照)　適量
大根(1.5cm角切り)、キュウリ(1.5cm角切り)、
　アサツキ　各適量
塩、レモン汁、白粒コショウ(つぶしたもの)

1　サーモンの腹身の燻製の皮と薄皮をとり除き、60℃のオーブンで10分間火を入れる。
2　大根とキュウリに塩をふってしばらくおき、水気を切り、レモン汁をふり、白粒コショウを加えて混ぜる。
3　1の燻製は食べやすい大きさに切って器に並べ、2の大根とキュウリを交互に並べて添え、アサツキを添える。

まぐろ >

びん長まぐろのバルサミコソース

ねぎ、まぐろ、フォアグラの重ね焼き

まぐろのたたき　オレンジ風味

まぐろのタルタル

まぐろのタルタル　卵黄入り

びん長まぐろのバルサミコソース

日本人にとっては生で食べることの多い
マグロだが、火を入れるとまったく違う印象に。

材料(2人分)
ビンチョウマグロ(塊)　150g
玉ネギ(くし形切り)　100g
バター　5g
バルサミコ酢　適量
ブイヨン(p.231参照)　少量

1 ビンチョウマグロの表面に焼き色をつけるようにローストする。
2 鍋にバターを溶かし、玉ネギをよく炒め、茶色く色づいたらブイヨン、バルサミコ酢を加え、ソースとする。
3 1を器に盛り、2をかける。

ねぎ、まぐろ、フォアグラの重ね焼き

材料(2人分)
長ネギ(やわらかくゆでて、少量のサラダ油でソテーしたもの)　5cm×2本
マグロ(赤身)　100g
フォアグラ(フレッシュ)　40g
小麦粉(薄力粉)、サラダ油、バルサミコ酢、塩、コショウ

1 マグロは塩、コショウをし、表面がこんがりするまでローストする(中は半生状態)。
2 フォアグラも塩、コショウし、軽く小麦粉をまぶしてサラダ油でソテーする。
3 長ネギ、1のマグロ、2のフォアグラの順に重ねて器に盛り、バルサミコ酢をかける。

まぐろのたたき　オレンジ風味

材料
マグロ（塊）、オレンジ（果肉）、セロリ　各適量
バルサミコオイル（p.235参照）　適量
塩、コショウ

1 塊のマグロの1面を直火であぶって焼き色をつけ、冷ます。冷めたら一口大の三角形に切る。オレンジは角切りに、セロリは5mm角に切る。
2 マグロに軽く塩、コショウをして器に盛り、セロリ、オレンジをのせ、バルサミコオイルをかける。

まぐろのタルタル

材料（直径5cmのセルクル型1個分）
A
├ マグロ（5mm角切り）　60g
├ マヨネーズ　20g
├ おろしワサビ　2g
└ 塩、コショウ　各少量
アサツキ（小口切り）　適量
ゆで卵　1/2個

1 Aの材料を混ぜ合わせ、セルクル型に詰める。
2 1にアサツキをのせ、ゆで卵をのせ、器に盛りつけてセルクル型をはずす。

まぐろのタルタル　卵黄入り

材料（直径5cmのセルクル型1個分）
A
├ マグロ（5mm角切り）　60g
├ マヨネーズ　20g
├ おろしワサビ　2g
└ 塩、コショウ　各少量
卵黄　1個
アサツキ　適量
赤ワインヴィネガーオイル（p.235参照）　適量

1 Aの材料を混ぜ合わせ、2/3量をセルクル型に詰め、中央にくぼみを作って卵黄を落とし、残りのAを詰める。
2 1に刻んだアサツキを飾って器に盛り、セルクル型をはずす。細長いアサツキを飾り、赤ワインヴィネガーオイルをかける。

鯛、すずき ＞

すずきのグリル　水菜のブレゼ添え

鯛のパリッと焼き

鯛の燻製と温野菜のブイヨン仕立て

鯛の燻製

すずきのグリル 水菜のブレゼ添え

材料（1人分）
スズキ（切り身をグリルしたもの） 80g
水菜 1/4束
ベーコン（バトネ） 30g
ブイヨン（p.231参照） 60g
ジャガイモ（蒸して皮をむいたもの） 小1個
オリーブ油 大さじ1
塩、コショウ

1 鍋にオリーブ油とベーコンを入れ、よく炒める。
2 1に水菜を入れて、ブイヨンを加える。
3 2にジャガイモを加え、塩、コショウで味を調えてふたをし、1～2分蒸し煮する。
4 器に3を盛りつけ、グリルしたスズキをのせる。

鯛のパリッと焼き

淡泊な白身魚は、皮目をパリッと焼いたり燻製にするなどし、強さを加えるようにするのもよい。

材料（1人分）
鯛（切り身） 1切れ
レモン風味岩塩（p.239参照）、燻製岩塩（p.239参照） 各適量
オレンジ（くし形切り）、レモン（薄切り）
塩、コショウ、サラダ油

1 鯛に軽く塩、コショウをし、サラダ油を熱したフライパンに皮目を下にして入れて、中火でよく焼く。
2 皮目がパリッとなったら裏返し、弱火で火を通す。
3 2を器に盛り、レモン風味岩塩、燻製岩塩、オレンジ、レモンを添える。

鯛の燻製と温野菜のブイヨン仕立て

材料（1人分）
鯛の燻製（右記参照。80gの切り身）　1枚
ブイヨン（p.231参照）　50g
生ハム（プロシュート）　1/2枚
温野菜
├ 菜の花　2本
├ ブロッコリー　2房
├ アサツキ　2本
├ 芽キャベツ　1個
└ カブ　1/2個
　＊すべて蒸したもの
E.V. オリーブ油
塩、コショウ

1　ブイヨンと生ハム、鯛の燻製を鍋に入れてふたをし、軽く蒸し煮する。
2　1から鯛と生ハムをとり出し、汁は塩、コショウで味を調える。
3　器に2の鯛と温野菜を盛り、生ハムをのせ、2の汁をかけ、E.V. オリーブ油を回しかける。

鯛の燻製

材料
鯛の燻製（作りやすい量）
├ 鯛（三枚におろした皮つきの身）　500g
├ 塩　100g
├ 黒粒コショウ（軽くつぶしたもの）　10g
└ グラニュー糖　100g
レモンドレッシング（p.61参照）　適量
芽ネギ

1　鯛の燻製を作る。塩、黒粒コショウ、グラニュー糖を混ぜたものを、鯛の全体にまんべんなくまぶして2時間おき、マリネする。
2　1を水で洗い流し、そのまま流水で30分塩抜きする。
3　2の水気をとり除き、スモーカーで30分燻製にかける。
4　3の鯛の燻製を幅広に切り、器に盛る。レモンドレッシングをかけ、芽ネギを添える。

鯛の燻製　サラダ仕立て

鯛の燻製のグリエ

鯛の燻製入りポムピューレ

鯛の燻製　春菊のブレゼ添え

鯛の燻製　サラダ仕立て

材料（1、2人分）
鯛の燻製（p.77参照。皮をとり、薄切りにしたもの
　5枚
サラダ
└ サニーレタス、トレヴィス、ルコラ、水菜、
　　イタリアンパセリ　各適量
レモンドレッシング（p.61参照）　適量

器に鯛の燻製を並べ、レモンドレッシングで和えたサラダを盛りつける。鯛にもレモンドレッシングをかける。

鯛の燻製のグリエ

材料（2人分）
鯛の燻製（p.77参照）　60g×2切れ
フレッシュオニオンレモンソース
├ 玉ネギ（粗くすりおろしたもの）　100g
├ レモンフィレ（薄切りにして、薄皮からとり出した
│　果肉）　3枚分
├ イタリアンパセリ（粗みじん切り）　少量
└ 白ワインヴィネガー　15～20g
　＊混ぜ合わせる
岩塩、ニンニクチップ（ニンニクを薄切りにし、油で
　揚げて砕いたもの）

1　鯛の燻製は皮をとり除き、軽くグリルする。
2　皿にフレッシュオニオンレモンソースを敷き、1を盛る。
3　岩塩に、ニンニクチップを合わせたものを、2の上からふりかける。

鯛の燻製入りポムピューレ

材料（2、3人分）
ポムピューレ
├ 鯛の燻製（p.77参照） 50g
├ ジャガイモ（蒸して皮をむき、裏漉したもの）
│　　120g
├ 牛乳　50g
├ 黒オリーブ（みじん切り）　1個分
├ 玉ネギ（みじん切り）　少量
└ 塩、コショウ　各少量
E.V. オリーブ油　小さじ1
生クリーム　小さじ1

1 鯛の燻製は皮をとり除いてから細かく刻む。
2 裏漉したジャガイモ、1の燻製、牛乳、黒オリーブ、玉ネギをボウルに入れて混ぜ合わせ、塩、コショウで味を調える。
3 2を器に盛り分け、E.V. オリーブ油と生クリームをかける。

鯛の燻製　春菊のブレゼ添え

材料（1人分）
鯛の燻製（p.77参照。皮をとる）　80g
ベーコン（塊）　30g
ブイヨン（p.231参照）　60g
春菊　60g
ジャガイモ（蒸して皮をむいたもの）　小1個
オリーブ油　少量
塩、コショウ

1 鍋にオリーブ油を入れて火にかけ、ベーコンを炒める。
2 香りが出たらベーコンをとり出し、とり出したあとの鍋にブイヨン、春菊、ジャガイモを入れ、塩、コショウで味を調えてふたをし、2～3分蒸し煮する。
3 器に2を盛りつけ、ベーコンと鯛の燻製をのせる。

いわし ＞

いわしのマリネ

いわしとパプリカのマリネ

いわしのマリネ

味の強い青背の魚は、マリネ仕立てにすると
持ち味が生きる。組み合わせる野菜で
さまざまなバリエーションが可能。

材料（1、2人分）
イワシ　1尾
塩　適量
ピクルス液（p.37参照）　適量
コルニッションのピクルス　2本
玉ネギ（薄切り）　適量
グラニュー糖　30g
赤ワインヴィネガー　15g
マヨネーズ　50g
ディル　適量

1　イワシを三枚におろし、皮目に塩をふり、10分ほど冷蔵庫に置く。
2　1のイワシの皮をはぎ、ピクルス液に漬ける（約1時間）。
3　鍋にグラニュー糖、赤ワインヴィネガーを入れて半量になるくらいまで煮詰める。冷ましてからマヨネーズを合わせ、刻んだディルを加える。
4　2のイワシを巻いて器に盛り、3のソースをかけ、コルニッションのピクルスと玉ネギを添える。

いわしとパプリカのマリネ

材料(12個分)
赤、黄パプリカ(ジャンボピーマン) 各1個
イワシ 2尾
緑オリーブ(軽くつぶしてばらばらにしたもの)
　3個分
E.V. オリーブ油　適量
ピクルス液(p.37参照)　適量
イタリアンパセリ
塩、コショウ

1 パプリカは直火かオーブンで少し焦げ目がつく程度に焼き、粗熱がとれたら薄皮、ヘタ、種をとり除いて2cm幅に切る(皮は水につけてとるととりやすい)。E.V. オリーブ油をかけ、塩、コショウで味を調える。
2 イワシは三枚におろし、皮目に塩をふり、10分ほど冷蔵庫に置く。
3 2のイワシの皮をはぎ、1と一緒にピクルス液に漬ける(約1時間)。
4 3のパプリカを丸めて器に並べ、中央に緑オリーブをのせ、イワシを1cm幅の斜め切りにして重ねて盛る。E.V. オリーブ油を回しかけて、イタリアンパセリを飾る。

いわしとトマトときゅうりのマリネ

いわしと野菜のマリネ

いわしのマリネ　パプリカ風味

いわしと長ねぎのマリネ

いわしのロール巻きソテー

いわしのオムレツ

いわしとトマトときゅうりのマリネ

材料(1、2人分)
A
├ イワシ(三枚におろしたもの) 2枚
├ トマト(2cm角切り) 30g
├ キュウリ(皮をむいて1cm厚さの半月切り) 20g
├ ピーマン(5mm角切り) 1個分
└ アサツキ(小口切り) 適量
フレンチドレッシング(p.233参照) 大さじ2

Aをボウルに合わせ、フレンチドレッシングで和えて、器に盛る。

いわしと野菜のマリネ

材料(2人分)
イワシ 2尾
キュウリ(皮をむいて乱切り) 1本分
玉ネギ(2cm角切り) 1/2個分
トマト(8等分のくし形切り) 小1個分
長ネギ(白髪ネギ) 5cm分
ピクルス液(p.37参照) 適量

1 イワシは三枚におろして皮をむき、ピクルス液に漬ける。キュウリ、玉ネギも新たなピクルス液に漬ける。どちらも半日以上漬けおく。
2 1のイワシを一口大に切り、キュウリ、玉ネギ、トマトとともに器に盛り、白髪ネギをのせる。

いわしのマリネ パプリカ風味

材料(1、2人分)
イワシ 1尾
塩 適量
ピクルス液(p.37参照) 適量
トマト(くし形切り) 1/4個分
赤パプリカ(ジャンボピーマン。くし形切り)
　 1/4個分
玉ネギ(薄切り) 少量
ピリ辛トマトソース(p.236参照)、トマトケチャップ

1 イワシを三枚におろし(大きければ縦半分に切る)、皮目に塩をふり、10分ほど冷蔵庫に置く。
2 1のイワシの皮をはぎ、ピクルス液に漬ける(約1時間)。
3 ピリ辛トマトソースとケチャップを3:1の割合で混ぜ合わせておく。
4 2のイワシをロールにして器に盛り、トマト、パプリカ、玉ネギをのせ、3のソースをかける。

いわしと長ねぎのマリネ

材料(2人分)
イワシ 2尾
長ネギ(ゆでる) 1本
ピクルス液(p.37参照) 適量
塩

1 イワシを三枚におろし、皮目に塩をふり、10分ほど冷蔵庫に置く。
2 1のイワシの皮をはぎ、ゆでた長ネギと一緒にピクルス液に漬ける(約1時間)。
3 2を適当な大きさに切り、器に盛る。

いわしのロール巻きソテー

材料（16個分）
イワシ　4尾
松の実（ローストしたもの）、干しブドウ、パン粉（オーブンまたはフライパンで軽く焼いたもの）、芽ネギ（1cm長さに切る）　各適量
塩、コショウ、サラダ油
バルサミコオイル（p.235参照）

1　イワシは三枚におろし、縦半分に切り、尾のほうから皮目を外側にして巻き、塩、コショウをする。
2　フライパンにサラダ油をひき、1を入れて形を崩さないようにソテーする。
3　2を器に盛り、バルサミコオイルをかけ、松の実、干しブドウ、パン粉、芽ネギを散らす。

いわしのオムレツ

材料（2人分）
イワシ　2尾
卵　2個
塩、コショウ、グラニュー糖、サラダ油　各少量
牛乳　大さじ2

1　イワシは三枚におろし、塩、コショウをする。
2　卵焼き器にサラダ油をひき、皮目を下にして1のイワシを入れ、中火で焼く。
3　卵に塩、コショウ、グラニュー糖、牛乳を加えて混ぜ合わせ、2のイワシの上から流し込む。
4　弱火にしてふたをし、卵に軽く火が通り、焼き目がついたらでき上がり。

小あじ、わかさぎ ＞

小あじのエスカベッシュ　　　　　　　わかさぎのエスカベッシュ

穴子 >

蒸し穴子のロール　ナッツ添え

穴子となすのフォアグラ風味

小あじのエスカベッシュ

材料（3尾分）
小アジ　3尾
塩、コショウ、小麦粉　各少量
ハチミツ、粒マスタード
揚げ油

1 小アジのゼイゴと腹ワタをとり除き、塩、コショウをする。
2 1に小麦粉をまぶし、160℃の油で揚げる。
3 器に2を盛り、ハチミツと粒マスタードを2：1の割合で混ぜ合わせたものをかける。

わかさぎのエスカベッシュ

材料（4尾分）
ワカサギ　4尾
塩、コショウ、小麦粉　各少量
水菜　30g
春菊　30g
ホウレン草　30g
フレンチドレッシング（p.233参照）　50g
揚げ油

1 水菜、春菊、ホウレン草は軽く塩ゆでして、みじん切りにする。
2 ワカサギは塩、コショウをし、小麦粉を軽くまぶし、160℃の油で揚げる。
3 フレンチドレッシングに1を混ぜ合わせ、器に盛った2のワカサギにかける。

蒸し穴子のロール　ナッツ添え

材料（1人分）
アナゴ（開いて骨をはずしたもの）　半身
キュウリ（皮をむいてせん切り）　15g
セロリ（せん切り）　10g
レモンドレッシング（p.61参照）　適量
アーモンド（砕く）、クルミ（砕く）、松の実　各少量
塩、コショウ

1　アナゴは尾のほうからロールに巻き、塩、コショウをして蒸す。
2　キュウリとセロリはレモンドレッシングで和え、皿に敷く。
3　2に1のアナゴをのせ、軽く煎ったアーモンド、クルミ、松の実を軽くレモンドレッシングで和えて散らす。

穴子となすのフォアグラ風味

材料（2人分）
アナゴ（開いて骨をはずし、10cm長さに切ったもの）　2枚
ナス（素揚げして皮をむき、10cm長さに切り、縦3等分に切り分けたもの）　3枚
フォアグラのマリネ（p.25参照。薄切り）　30g
バルサミコ酢　適量
塩、コショウ

1　アナゴに軽く塩、コショウをし、蒸し器で4～5分火を入れて冷ます。
2　器にナス、1のアナゴ、フォアグラのマリネの順に2回繰り返して盛り、最後にナスをのせ、軽く塩、コショウをし、まわりにバルサミコ酢をソースとしてかける。

帆立貝 >

帆立貝のマリネ いくら添え

帆立貝とうどときゅうりのマリネ

帆立貝のマリネ　ナージュ風

殻つき帆立貝のグリル　ピリ辛トマトソース

帆立貝のグリル　グリーンソース

帆立貝のマリネ いくら添え

やさしい味わいのホタテ貝。
甘みのあるその味わいを生かし、
爽やかに仕立てたい。

材料(2人分)
ホタテ貝柱 3〜5個
レモンドレッシング(p.61参照) 適量
イクラ 大さじ2
塩、コショウ

ホタテ貝柱は、厚みを3〜5mm厚さに切り、器に並べ、軽く塩、コショウをする。レモンドレッシングをかけ、イクラをのせる。

帆立貝とうどときゅうりのマリネ

材料(1人分)
ホタテ貝柱(繊維に沿って棒状に割く) 1/2個分
ウド(軽く皮をむき、2cm長さの拍子木切り) 30g
キュウリ(皮をむき、2cm長さの拍子木切り) 30g
塩、コショウ 各少量
赤ワインヴィネガー、E.V. オリーブ油

1 ホタテ貝柱、ウド、キュウリに軽く塩、コショウをする。
2 赤ワインヴィネガーとE.V. オリーブ油を同量ずつ混ぜ合わせたもの大さじ1を、1に加えて和え、器に盛る。

帆立貝のマリネ ナージュ風

材料(4人分)
ホタテ貝柱(生食用) 8個
ニンジン(いちょう切り) 1/4本分
玉ネギ(1cm幅のくし形切り) 50g
＊小玉ネギでもよい。その場合は2〜3個を1cm幅の輪切りにする
セロリ(1cm幅の小口切り) 1本分
長ネギ(1cm幅の斜め切り) 1本分
白ワイン 50g
水 250g
コリアンダー 20粒
ローリエ 1/2枚
塩、コショウ

1 鍋に白ワイン、水、2gの塩を入れて火にかける。
2 1が沸騰したらニンジン、玉ネギ、セロリ、長ネギの順に入れてアクをとり、コショウ、コリアンダー、ローリエを入れる。
3 ホタテ貝柱は厚みを半分に切り、表面に軽く塩、コショウをする。
4 2の野菜に軽く歯応えが残る程度に火が入ったら火を止め、3のホタテ貝柱を入れてスープを全体にからめ、余熱で火を入れる。そのまま冷ます。

殻つき帆立貝のグリル　ピリ辛トマトソース

材料（1人分）
ホタテ貝（殻つき）　1個
ピリ辛トマトソース（p.236参照）　大さじ2

1 新鮮なホタテ貝を、殻の丸みのある面を下にして直火にかける。殻が自然に開いてきたら、ふたを開けてとりはずし、身を返して、火が入るまでようすを見る。
2 火が入ったら器に盛り、ピリ辛トマトソースをかける。

帆立貝のグリル　グリーンソース

材料（1人分）
ホタテ貝（殻つき）　1個
水菜（みじん切り）　15g
春菊（みじん切り）　15g
ドレッシング　適量
└ ブイヨン（p.231参照）、レモン汁、オリーブ油を同量ずつ混ぜ合わせ、塩、コショウで味を調える

1 殻つきのホタテ貝から貝柱だけとり出して、厚みを半分に切り、コライユとともにグリルする。
2 ドレッシングに水菜と春菊を加えて器に敷き、1を盛りつける。

さざえ >

さざえのしいたけ入りグラタン

さざえのほうれん草入りグラタン

つぶ貝 >

つぶ貝の赤ワインヴィネガー風味

つぶ貝のクルトン

つぶ貝とパプリカのヴィネガー風味

さざえのしいたけ入りグラタン

コリコリとした歯応えが特徴のサザエやツブ貝。
エスカルゴバターとの相性もいい。

材料（1個分）
サザエ（大きめのもの）　1個
シイタケ　1/2個
エスカルゴバター（p.101参照）　70～80g
サラダ油　適量

1 サザエをゆでる（10分くらい）。常温で冷まし、中身をとり出し、肝をとり除いて、1cm角ほどに切る。
2 シイタケをサラダ油をひいたフライパンで軽くソテーする。冷ました後、5mm角に切り、エスカルゴバターと合わせる。
3 サザエの殻に2を1/3量詰め、1のサザエの身を入れ、残りの2を詰める。
4 180℃のオーブンで、焼き色がつくまで火を入れる（7～10分）。

さざえのほうれん草入りグラタン

材料（1個分）
サザエ（大きめのもの）　1個
ホウレン草（ゆでて水気を切り、粗みじんに切ったもの）　20g
エスカルゴバター（p.101参照）　70～80g

1 サザエをゆでる（10分くらい）。常温で冷まし、中身をとり出し、肝をとり除いて、1cm角ほどに切る。
2 ホウレン草とエスカルゴバターを合わせる。
3 サザエの殻に2を1/3量詰め、1のサザエの身を入れ、残りの2を詰める。
4 180℃のオーブンで、焼き色がつくまで火を入れる（7～10分）。

つぶ貝の赤ワインヴィネガー風味

材料(1人分)
ツブ貝(殻つきのまま塩ゆでして冷ましたもの) 1個
赤ワインヴィネガーオイル(p.235参照) 適量
紅タデ、芽ネギ 各適量

ツブ貝はワタをとり除き、身を一口大に切り、芽ネギとともに器に盛る。赤ワインヴィネガーオイルをかけ、紅タデをかける。

つぶ貝とパプリカのヴィネガー風味

材料(2、3人分)
ツブ貝(ゆでたもの。ぶつ切り) 3個分
A
├ 赤パプリカ(ジャンボピーマン。角切り) 15g
├ 黒オリーブ(みじん切り) 3個分
├ スタッフド・オリーブ(みじん切り) 3個分
└ 玉ネギ(角切り) 20g
アサツキ(小口切り) 少量
塩、コショウ 各少量
赤ワインヴィネガー、E.V. オリーブ油

1 ツブ貝とAを合わせて塩、コショウし、赤ワインヴィネガーとE.V. オリーブ油を同量ずつ合わせたもので和える。
2 1を器に盛り、アサツキを散らす。

つぶ貝のクルトン

材料(2個分)
A
├ ツブ貝(ゆでる。5mm角切り) 4個分
├ 玉ネギ(5mm角切り) 30g
├ 松の実 20g
└ エスカルゴバター(下記参照) 100g
バゲット(薄切り) 2枚

Aの材料を混ぜ合わせてバゲットにのせ、180℃のオーブンで焼き色がつくまで焼く(5〜10分)。

エスカルゴバター a

材料(作りやすい量)
バター 225g
A
├ 玉ネギ(みじん切り) 大さじ1
├ ニンニク(みじん切り) 小さじ1
├ パセリ(みじん切り) 小さじ1
├ アサツキ(みじん切り) 小さじ1
├ イタリアンパセリ(みじん切り) 小さじ1
└ 粒マスタード(ディジョン) 大さじ1
塩、コショウ 各適量
ブランデー(コニャック) 1〜2滴
レモン汁 1/3個分

室温でやわらかくしておいたバターをボウルに入れ、混ぜてポマード状にする。Aの材料を加えてよく混ぜ合わせ塩、コショウ、ブランデー、レモン汁で味を調える。

牡蛎貝 ＞

牡蛎のグリル　レモン添え

生牡蛎　赤ワインヴィネガー風味

牡蛎の長ねぎクリームソース

牡蛎のソース・オランデーズ

牡蛎のグラタン

牡蛎とマッシュルームのムニエル

牡蛎のグリル　レモン添え

濃厚な味の牡蛎。レモンやヴィネガーの
酸味でさっぱりと仕立てるか、
あるいはクリームやオイルで包み込むか。
どちらにもそれぞれのおいしさがある。

材料（1人分）
生ガキ（殻つき）　1個
レモン　適量

生ガキを殻ごと直火にかけ、中からあぶくが出て
きたら殻を開け、器に盛る。切ったレモンを添え
る。

生牡蛎　赤ワインヴィネガー風味

材料（1人分）
生ガキ（殻つき）　1個
赤ワインヴィネガー　大さじ2
エシャロット（みじん切り）　小さじ1

1　生ガキの殻を開け、皿に盛る。
2　エシャロットと赤ワインヴィネガーを合わせたも
のを添える。

牡蛎の長ねぎクリームソース

材料（1人分）
生ガキ（殻つき）　1〜2個
白ワイン　少量
長ネギ（せん切りにし、ブランシールする）　50g
生クリーム　50g
バター　5g
塩、コショウ、レモン汁

1　カキの身を殻からとり出し、鍋に入れ、少量の白
ワインを加えて、軽く火が通るまで加熱し、身を
殻に戻して長ネギをのせ、器に盛る。
2　1のカキをとり出したあとの鍋に、生クリームを
加えて軽く煮詰め、塩、コショウで調味し、バター
でモンテして、レモン汁で味を調える。
3　2を1のカキにかける。

牡蛎のソース・オランデーズ

材料（1人分）
生ガキ（殻つき）　1～2個
白ワイン　少量
グリーンアスパラガス　4本
イクラ　25g
オランデーズソース（下記参照）　適量
塩

1　カキの殻を開け、白ワインを少量かけて、150℃のオーブンで蒸し焼きにする。
2　グリーンアスパラガスは塩ゆでにし、器に盛る。
3　1のカキを殻からはずして2のアスパラガスの上にのせ、オランデーズソースをかけて、イクラをのせる。

オランデーズソース

材料（目安の量）
卵黄　1個
水　小さじ2
澄ましバター　60g
塩、コショウ、レモン汁

ボウルに卵黄、水を入れ、泡立て器で混ぜ合わせる。湯煎（70～80℃くらい）にかけ、泡立て器で8の字を書くようにして、空気を入れながら混ぜる。角が立つくらいまで火を入れたら湯煎からはずし、澄ましバターを加えながらゆっくりと混ぜ合わせ、塩、コショウ、レモン汁で味を調える。

＊湯煎の温度が高すぎるとそぼろ状になってしまうので気をつける。

牡蛎のグラタン

材料（1人分）
生ガキ（殻つき）　1個
香草バター（下記参照）　50g
シイタケ　1/2個
パン粉　少量

1　シイタケはブランシールして5mm角に切る。
2　香草バターに1を加えて混ぜる。
3　カキの殻を開け、2をのせ、パン粉をのせる。
4　オーブン皿にのせ、190℃のオーブンで焼き色がつくまで焼く（約7～8分）。

牡蛎とマッシュルームのムニエル

材料（1、2人分）
生ガキ　2個
マッシュルーム（厚めのスライス）　2～3個分
バター　15～20g
レモン（5mm角切り）　スライス1～2枚分
パセリ（みじん切り）　適量
塩、コショウ、小麦粉　各適量

1　カキの身の水気をとって軽く塩、コショウをし、小麦粉を薄くまぶす。
2　フライパンにバターを10g入れて火にかけ、1のカキを入れ、ムニエルにする。両面ともこんがり焼けたら器に盛る。
3　カキをとり出したあとのフライパンに残りのバターを入れ、マッシュルームを入れてソテーする。火が通ったらレモン、パセリを加え、塩、コショウで味を調え、2のカキにかける。

香草バター

材料（作りやすい量）
バター　100g
エシャロット（みじん切り）　10g
パセリ（みじん切り）　10g
ニンニク（みじん切り）　小さじ1/3
塩　適量

バターをポマード状にし、エシャロット、パセリ、ニンニクを混ぜ、塩を加えて味を調える。

ムール貝 >

ムール貝の白ワイン蒸し

ムール貝の野菜ソース

ムール貝の冷製　ピリ辛トマトソース

ムール貝のグラタン

ムール貝のトマト焼き

ムール貝の香草クルトン

ムール貝の白ワイン蒸し

材料（10〜20個分）
ムール貝　10〜20個
長ネギ（5mm幅の斜め切り）　50g
ニンニク（みじん切り）　1/3片分
オリーブ油　大さじ1
白ワイン　30g
パセリ（みじん切り）　少量
水（場合により）　大さじ1〜2
塩（場合により）　適量

1 鍋にオリーブ油とニンニクを入れて火にかける。香りが立ってきたら長ネギを入れてソテーする。
2 長ネギがしんなりしたらムール貝、白ワインを入れてふたをする。
3 ムール貝が口を開けたら、鍋からムール貝だけをとり出す。
4 3の鍋のスープの塩加減を確認し、濃い場合は水を足し、薄い場合は塩を加える。
5 4にパセリを入れ、一煮立ちしたらムール貝を戻し入れ、温まったら器に盛る。

ムール貝の野菜ソース

材料（10個分）
ムール貝　10個
白ワイン　適量
A
├ 玉ネギ　50g
├ セロリ　20g
├ ニンジン　20g
└ シイタケの石づき　20g
　＊すべて5mm角切り
アサツキ（小口切り）　1〜2本分
ブイヨン（p.231参照）　100g
コーンスターチ　少量
塩、コショウ　各少量

1 ムール貝は白ワイン蒸しにして、身を殻からはずす。
2 鍋にブイヨンとAを入れ、火にかける。
3 2の野菜に火が通ったら塩、コショウで味を調え、コーンスターチで濃度をつける。
4 1のムール貝の身を殻に戻して器に盛り、3のソースをかけ、アサツキをのせる。

ムール貝の冷製　ピリ辛トマトソース

ムール貝はやはりワイン蒸しがいちばんだが、いろいろな味つけも楽しめる。

材料（10個分）
ムール貝　10個
白ワイン　適量
ピリ辛トマトソースb
├ トマト（皮を湯むきして角切り）　300g
├ ピーマン（みじん切り）　50g
├ 赤ピーマン（みじん切り）　15g
├ 玉ネギ（みじん切り）　75g
├ 赤ワインヴィネガー　30g
├ レモン汁　少量
├ タバスコ　少量
├ ニンニク（みじん切り）　少量
└ 塩、コショウ　各少量

1 ムール貝は白ワイン蒸しにして、身を殻からはずす。
2 ピリ辛トマトソースの材料をすべて混ぜ合わせる。
3 1のムール貝の身を殻に戻して器に盛り、2のソースをかける。

ムール貝のグラタン

材料(10個分)
ムール貝　10個
白ワイン　適量
マッシュルーム(薄切り)　2〜3個分
ホウレン草(ざく切り)　30g
パルミジャーノ・レッジャーノ・チーズ(すりおろし)
　　適量
サラダ油

1　ムール貝は白ワイン蒸しにして、身を殻からはずす。マッシュルームとホウレン草は、それぞれサラダ油でソテーする。
2　1のムール貝の身を殻に戻し、マッシュルーム、ホウレン草をのせ、パルミジャーノ・レッジャーノ・チーズをかける。
3　2を150〜160℃のオーブンで7〜8分、焼き色がつくまで焼く。

ムール貝のトマト焼き

材料(10個分)
ムール貝　10個
白ワイン　適量
トマトソース(p.233参照)　小さじ2〜3
パルミジャーノ・レッジャーノ・チーズ(すりおろし)
　　少量

1　ムール貝は白ワイン蒸しにして、身を殻からはずす。
2　1のムール貝の身を殻に戻し、トマトソース、パルミジャーノ・レッジャーノ・チーズをかける。
3　2を150℃のオーブンで7〜8分、焼き色がつくまで焼く。

ムール貝の香草クルトン

材料(2、3人分)
ムール貝　10個
白ワイン　適量
香草バター(p.105参照)　適量
シイタケ(サラダ油でソテーしてみじん切り)　2個分
クルミ(みじん切り)　適量
バゲット(1cm厚さに切り、半分に切ったもの)　6枚

1　ムール貝は白ワイン蒸しにして、身を殻からはずす。
2　バゲットに1のムール貝の身をのせ、上に香草バター、シイタケ、クルミをのせる。
3　150〜160℃のオーブンで3〜5分、バターが溶けて軽く焼き色がつくまで焼く。

その他の貝 >

あおやぎとねぎのヴィネガー風味

貝類のレモンドレッシング和え

みる貝の青トマトソース

ほっき貝とセロリとそら豆のマリネ

エスカルゴのブルゴーニュ風

あおやぎとねぎのヴィネガー風味

材料（1、2人分）
アオヤギ　4個
小ネギ（10cm長さ）　1本
キュウリ（皮をむき、5mm角切り）　少量
赤ワインヴィネガー、E.V.オリーブ油
塩、コショウ　各少量

1. 小ネギは縦半分に切り、やわらかくなるまで塩ゆでし、冷水にとって冷ます。水気を切り、器に渦巻き状に盛る。
2. アオヤギ、キュウリを、赤ワインヴィネガーとE.V.オリーブ油を同量ずつ混ぜ合わせたもので和え、塩、コショウで調味し、1の上に盛る。和えたソースと同じものを上からかける。

貝類のレモンドレッシング和え

材料
アオヤギ、トリ貝、赤貝、生ワカメ　各適量
レモンドレッシング（p.61参照）　適量

貝類とワカメを合わせ、レモンドレッシングで和える。

みる貝の青トマトソース

材料（2、3人分）
ミル貝　1個
ピリ辛青トマトソース（p.236参照）

ミル貝は軽くブランシールし、氷水で冷やし、殻、ワタをとり除き、身を1cm幅に切る。器に盛り、ピリ辛青トマトソースをかける。

ほっき貝とセロリとそら豆のマリネ

材料(1人分)
ホッキ貝(軽くゆでる) 1個
ソラ豆(塩ゆでし、薄皮を除いたもの) 6個
セロリ(せん切り) 15g
赤ワインヴィネガー、E.V. オリーブ油
ヴィネグレットソース(下記参照) 適量

1 ホッキ貝、ソラ豆2個を、赤ワインヴィネガーとE.V. オリーブ油を同量ずつ合わせたもので和え、セロリを敷いた器に盛る。
2 ソラ豆4個はつぶし、ヴィネグレットソース大さじ2と混ぜ合わせ、1にかける。

ヴィネグレットソース a

材料(作りやすい量)
サラダ油 200g
酢 60g
粒マスタード(ディジョン) 12〜15g
玉ネギ(すりおろし) 30g
ニンニク(すりおろし) 少量
塩 小さじ1(好みで)
コショウ 少量

混ぜ合わせる。

エスカルゴのブルゴーニュ風

材料(作りやすい量)
エスカルゴ(缶詰) 1缶
エスカルゴの殻 適量
A
├ ブイヨン(p.231参照) 120g
├ 白ワイン 30g
├ 水 70g
├ 塩 2g
└ ローリエ 1/2枚
エスカルゴバター b(作りやすい量)
├ バター 450g
├ 玉ネギ(みじん切り) 100g
├ ニンニク(みじん切り) 5g
├ パセリ(みじん切り) 25g
├ アサツキ(みじん切り) 15g
├ 粒マスタード(ディジョン) 45g
├ コニャック 5g
├ 卵黄 1個
├ レモン汁 1/4個分
└ 塩 9g

1 エスカルゴの身は水分を切り、流水に5分さらす。
2 1のエスカルゴとAの材料を合わせて火にかけ、30分煮る。そのまま冷ましておく。
3 エスカルゴバターを作る。バターをポマード状にして他の材料を合わせる。
4 エスカルゴの殻に3のエスカルゴバターを10gずつ入れ、2のエスカルゴの身を入れ、更にエスカルゴバターを15gのせる。
5 4をエスカルゴ用の器の穴に入れて180℃のオーブンで10分ほど焼く。

えび >

小えびのカクテルソース

ゆでオマールのピリ辛青トマトソース添え

いか ＞

赤いかのグリル

いかのソテー　ルイユソース

赤いかのグリル　トマトソース

小えびのカクテルソース

材料（1人分）
小エビ（殻つき） 5尾
カクテルソース（p.238参照） 適量
キュウリ（皮をむいてせん切り） 適量
塩

1 小エビは塩ゆでし、氷で冷やし、殻をむく。
2 1の水気を切って器に盛り、カクテルソースをかけ、キュウリを添える。

ゆでオマールのピリ辛青トマトソース添え

材料（1、2人分）
オマール 1尾
ピリ辛青トマトソース（p.236参照） 適量

1 器にピリ辛青トマトソースを敷く。
2 オマールはゆでて殻をとり、1のソースの上に盛る。

赤いかのグリル

材料（1人分）
赤イカ（切り身）　80g
ニンニク　50g
牛乳　100g
スタッフド・オリーブ（みじん切り）　2個分
岩塩、ニンニクチップ（ニンニクを薄切りにし、油で揚げて砕いたもの）、E.V. オリーブ油　各適量

1 ニンニクをやわらかくなるまで牛乳で煮る。やわらかくなったら牛乳ごとミキサーにかけ、ピュレにする。
2 赤イカをグリルし、器に盛り、1のピュレを添える。
3 2にスタッフド・オリーブを盛り合わせ、岩塩をふり、ニンニクチップを散らし、E.V. オリーブ油をかける。

いかのソテー　ルイユソース

材料（1人分）
モンゴウイカ（3cm幅の棒状）　3本
サフランマヨネーズ（p.238参照）　大さじ2
赤、黄パプリカ（ジャンボピーマン。5mm角切り）　各少量
イタリアンパセリ（みじん切り）　少量
サラダ油、塩、コショウ

1 イカに軽く塩、コショウをし、サラダ油を熱したフライパンで焼いて、焼き色をつけ、器に盛る。
2 サフランマヨネーズにパプリカを加えて混ぜ、1にかけ、イタリアンパセリを飾る。

赤いかのグリル　トマトソース

材料（1人分）
赤イカ（切り身）　80g
トマトソース（p.233参照）　100g
E.V. オリーブ油　少量
松の実　少量
エシャロット（または玉ネギ。薄切り）　1枚
オリーブ油　適量

1 赤イカをグリルする。
2 トマトソースにE.V. オリーブ油と松の実を加えて混ぜる。
3 エシャロットをたっぷりのオリーブ油でソテーする。
4 器に2のソースを敷き、1のイカを盛り、3のエシャロットを添える。

赤いかのグリル　ピリ辛トマトソース

いかのエスカベッシュ

いかのいか墨ソース和え

赤いかと生ハムのロール

赤いかとサーモンのロール

赤いかのロール　バジル風味

赤いかのグリル　ピリ辛トマトソース

材料（1人分）
赤イカ　80g
ピリ辛トマトソース（p.236参照）　適量
キュウリ（5mm角切り）　少量
塩、コショウ　各少量

1　赤イカはグリルして6等分の角切りにし、器に並べる。
2　ピリ辛トマトソースにキュウリを混ぜ、塩、コショウで味を整え、1にかける。

いかのエスカベッシュ

材料（1、2人分）
モンゴウイカ　100g
塩、コショウ、小麦粉　各少量
フレンチドレッシング（p.233参照）　50g
A
├ 玉ネギ（5mm角切り）　30g
├ ニンジン（5mm角切り）　20g
├ セロリ（5mm角切り）　15g
├ 赤ピーマン（5mm角切り）　10g
└ パセリ（みじん切り）　少量
　＊合わせて軽く塩をふっておく
揚げ油

1　イカを1cm幅の棒状に切る。
2　1に塩、コショウをし、小麦粉を軽くまぶし、150℃の油で揚げる。
3　フレンチドレッシングにAを混ぜ合わせ、揚げたての2のイカを入れてからめ、器に盛る。

いかのいか墨ソース和え

材料（2人分）
モンゴウイカ（1cm角切り）　150g
玉ネギ（1cm幅のくし形切り）　50g
緑ピーマン（5mm角切り）　50g
イカ墨ソース（下記参照）　適量
塩

1　イカと玉ネギを軽く塩ゆでし、水にとって冷まし、水気を切る。
2　1をイカ墨ソースで和えて器に盛り、彩りに緑ピーマンを散らす。

イカ墨ソース

材料
イカの墨袋、ニンニク（薄切り）、オリーブ油、白ワイン、トマトソース（p.233参照）
　各適量

鍋にオリーブ油とニンニクを入れて弱火で炒め、イカの墨袋を入れて、白ワインを加え、トマトソースを入れて20分煮込み、ミキサーにかけて漉す。

赤いかと生ハムのロール

材料(1人分)
赤イカ(5cm角、1.5mm厚さ)＊　2枚
＊半冷凍状態にし、スライサーで切ったもの
生ハム(プロシュート)　1枚
レモンドレッシング(p.61参照)　適量

生ハムを2等分に切り、イカにのせて細く巻く。器に盛り、レモンドレッシングをかける。

赤いかとサーモンのロール

材料(1人分)
赤イカ(5cm角、1.5mm厚さ)＊　2枚
＊半冷凍状態にし、スライサーで切ったもの
サーモンのマリネ(p.65参照。薄切り)　2枚
レモンドレッシング(p.61参照)　適量

サーモンのマリネを1枚ずつイカにのせて細く巻く。器に盛り、レモンドレッシングをかける。

赤いかのロール　バジル風味

材料(1人分)
赤イカ(5cm角、1.5mm厚さ)＊　2枚
＊半冷凍状態にし、スライサーで切ったもの
バジルペースト(p.234参照)　小さじ2
レモンドレッシング(p.61参照)　適量

イカの上にバジルペーストを塗り、細く巻く。器に盛り、レモンドレッシングをかける。

たこ >　　　　　　　　　　　　たこのパプリカソース

たこのオリーブオニオンレモンソース

たこのピリ辛マヨネーズ

水だこのしゃぶしゃぶ　ピリ辛トマトソース

水だこのしゃぶしゃぶ
オリーブオニオンレモンソース

水だこのグリエ

たこのオリーブオニオンレモンソース

材料(1、2人分)
タコの足(ゆでたもの) 100g
オリーブオニオンレモンソース
├ スタッフド・オリーブ(みじん切り) 1個分
├ 玉ネギ(粗くすりおろしたもの) 30g
├ レモンの果肉 スライス3枚分
├ オリーブ油 20g
├ イタリアンパセリ 適量
├ 塩 少量
└ 白粒コショウ(軽くつぶしたもの) 少量

1 タコの足は乱切りにする。
2 ボウルにオリーブオニオンレモンソースの材料を入れて混ぜ合わせる。
3 1のタコを2に入れて和え、器に盛る。

たこのパプリカソース

材料(1、2人分)
タコの足(ゆでたもの。ぶつ切り) 100g
赤、黄パプリカ(ジャンボピーマン。5mm角切り) 各30g
生ハム(5mm角色紙切り) 少量
ルコラ(2cm幅に切る) 3枚分
スタッフド・オリーブ(軽くつぶす) 1個
ニンニク(みじん切り) 少量
赤ワインヴィネガーオイル(p.235参照) 適量

ボウルにすべての材料を入れて混ぜ合わせ、器に盛る。

たこのピリ辛マヨネーズ

材料(1、2人分)
タコの足(ゆでて、1cm幅の斜めぶつ切りにしたもの) 5個
ピリ辛トマトマヨネーズ(下記参照) 大さじ2〜3
カイエンヌ・ペッパー 少量

器にタコを並べてピリ辛トマトマヨネーズをかけ、カイエンヌ・ペッパーをふる。

ピリ辛トマトマヨネーズ a

材料(目安の量)
ピリ辛トマトソース(p.236参照) 50g
マヨネーズ 50g

混ぜ合わせる。

水だこのしゃぶしゃぶ ピリ辛トマトソース

材料（1、2人分）
水ダコ（薄切り） 10枚
ピリ辛トマトソース（p.236参照） 適量
E.V. オリーブ油 適量

1 水ダコを軽く湯にくぐらせて、水気を切り、器に盛る。
2 1にピリ辛トマトソースをかけ、更にE.V. オリーブ油をかける。

水だこのしゃぶしゃぶ オリーブオニオンレモンソース

材料（1、2人分）
水ダコ（薄切り） 10枚
オリーブオニオンレモンソース（p.124参照） 適量

1 水ダコを軽く湯にくぐらせて、水気を切り、器に盛る。
2 1にオリーブオニオンレモンソースをかける。

水だこのグリエ

材料（1、2人分）
水ダコ 80g
生ハム（プロシュート） 1/2枚
長ネギ 約7cm
ピリ辛トマトソース（p.236参照） 適量
E.V. オリーブ油 適量
岩塩、粗挽き白コショウ 各少量

1 長ネギは縦半分に切り、グリルする。
2 水ダコに生ハムを巻き、グリルする。
3 器に1の長ネギを並べ、その上に2のタコをのせ、ピリ辛トマトソース、E.V. オリーブ油をかけ、岩塩と粗挽き白コショウを少量かける。

肉・卵・チーズ

鶏肉 >

鶏肉のティエド オリーブオニオンレモンソース

鶏肉のグリル　ピリ辛トマトソース　　　　　鶏胸肉の春菊マヨネーズ

鶏肉のティエド
オリーブオニオンレモンソース

淡泊な鶏肉は、野菜の風味や酸味を生かす、
さっぱりとした味つけもよく合う。
火入れ加減に注意して、パサつかないように
仕上げたい。

材料（3人分）
鶏胸肉　150g
オリーブオニオンレモンソース（p.124参照）　適量
キュウリ（5mm角切り）　1本分
ケッパー　6粒
塩、コショウ

1　鶏胸肉は皮をとり、塩、コショウをし、70℃のオーブンで約10分間火を通す。冷めたら1cm幅くらいに切り、器に並べる。
2　オリーブオニオンレモンソースにキュウリとケッパーを加え、1にかける。

＊ティエド（tiede）とは生温かいという意味。

鶏肉のグリル　ピリ辛トマトソース

材料（1、2人分）
鶏胸肉　100g
ピリ辛トマトソース（p.236参照）　適量
ルコラ　3枚
塩、コショウ

1　鶏胸肉は、1cm幅の斜め切りを3枚とり、塩、コショウをしてグリルする。
2　1を器に盛り、ピリ辛トマトソースをかけ、ルコラを添える。

鶏胸肉の春菊マヨネーズ

材料（2人分）
鶏胸肉　1枚
塩、コショウ
春菊マヨネーズ
　├マヨネーズ　120g
　├生クリーム　20g
　├ブイヨン（p.231参照）　大さじ2
　├エシャロット（みじん切り）　適量
　├ケッパー（みじん切り）　適量
　├スタッフド・オリーブ（みじん切り）　2、3個分
　├春菊（みじん切り）　30g
　├塩　適量
　└コショウ　適量
水菜　適量

1　鶏胸肉は皮をとり、塩、コショウをして70℃のオーブンで10分ほど火を入れる（芯温57℃くらいがよい）。
2　春菊マヨネーズの材料を混ぜ合わせる。
3　1の鶏肉を5mm厚さに切って器に盛り、2をかける。水菜を添える。

鶏肉のティエド　プロヴァンス風マリネ　　鶏肉のカルパッチョ

鶏肉のグリル

鶏のパリッと焼き

鶏肉のティエド プロヴァンス風マリネ

材料（3人分）
鶏胸肉　150g
赤、黄パプリカ（ジャンボピーマン。2cm角切り）
　　各30g
トマト（2cm角切り）　70g
黒オリーブ　1個
スタッフド・オリーブ　2個
アサツキ（3cm長さに切る）　1本分
ブイヨン（p.231参照）　小さじ2
バルサミコ酢　大さじ1
E.V.オリーブ油　大さじ1
生ハム　少量
イタリアンパセリ（粗みじん切り）　少量
塩、コショウ

鶏胸肉は皮をとり、塩、コショウをし、70℃のオーブンで約10分間火を通す。冷めたら2cm角に切り、他の材料と混ぜ合わせ、器に盛る。

鶏肉のカルパッチョ

材料（2、3人分）
鶏胸肉　1枚
塩、コショウ
オリーブソースa
├ オリーブ油　大さじ1
├ サラダ油　大さじ1
├ コンソメ（p.232参照）　小さじ2
├ グラス・ド・ヴォライユ（p.231参照）　小さじ1
├ スタッフド・オリーブ（みじん切り）　15個分
├ 黒オリーブ（みじん切り）　2個分
├ 玉ネギ（みじん切りにして水にさらしたもの）　50g
├ ニンニク（みじん切り）　少量
├ 塩　ひとつまみ
└ コショウ　適量

1 鶏胸肉は皮をとり、塩、コショウをし、70℃のオーブンで10分間ほど火を入れる（芯温57℃くらいがよい）。
2 オリーブソースの材料を混ぜ合わせる。
3 1の鶏肉を薄切りにして器に盛り、2のソースを薄く全体に塗る。

鶏肉のグリル

材料（2人分）
鶏胸肉（スライスしてグリルしたもの）　2枚
水菜、春菊（それぞれ葉のきれいな部分）　各15g
ドレッシング　適量
└ ブイヨン（p.231参照）、レモン汁、オリーブ油を同量ずつ混ぜ合わせる

グリルした鶏肉を器に1枚のせ、水菜と春菊を盛る。上にもう1枚鶏肉をのせ、ドレッシングをかける。

鶏のパリッと焼き

材料（1、2人分）
鶏モモ肉　150g
黒コショウ岩塩（p.239参照）　適量
ニンニクチップ岩塩（p.239参照）　適量
塩、コショウ、サラダ油

1 鶏肉に軽く塩、コショウをして、少量のサラダ油を熱したフライパンに皮目を下にして入れ、中火でよく焼く。
2 皮目がパリッとなったら裏返し、弱火で火を通す。
3 2を器に盛り、黒コショウ岩塩、ニンニクチップ岩塩を添える。

豚肉、ハム >

豚肉の西京漬け

ポークフリッツ

豚肉とあんずの重ね焼き　　　　　　　　パテ・ド・カンパーニュ

豚肉の西京漬け

材料（2人分）
豚バラ肉　100g×2枚
西京味噌　100g
日本酒　大さじ5
ミリン　大さじ5
長ネギ　10cm
サラダ油　少量

1 西京味噌に日本酒、ミリンを混ぜ合わせ、ここにガーゼにくるんだ豚バラ肉を漬けて1日おく。
2 1の肉を150℃のオーブンでこんがり焼き（約15分）、器に盛る。
3 長ネギは5cm長さに切り、サラダ油でソテーして、肉に添える。

ポークフリッツ

材料（2人分）
豚肩肉（2cm角切り）　150g
レモン（薄切り）　2枚
グラニュー糖　20g
アニスリキュール　2g
ミント（みじん切り）　少量
塩、コショウ、小麦粉
揚げ油

1 豚肉は塩、コショウをし、小麦粉を薄くまぶして180℃の油で揚げる。
2 レモンは粗く切り、グラニュー糖とともに器に入れ、ラップフィルムをかぶせて電子レンジに3分間かける。
3 2にミントとアニスリキュールを加え、1を入れて合わせ、器に盛る。

豚肉とあんずの重ね焼き

材料（約15人分）
豚肩肉（5mm厚さに切ったもの）　500g
アンズ（ドライ）　適量
玉ネギ（薄切り）　100g
ニンニク（みじん切り）　少量
塩、コショウ、サラダ油
ソース
├ マヨネーズ　50g
├ 牛乳　15g
└ 粒マスタード　6g

1　玉ネギとニンニクは、サラダ油で炒めて冷ましておく。
2　豚肉、アンズ、1の順に重ねて5層にし、最後が肉になるようにする。
3　2をたこ糸でロールに巻き、塩、コショウをする。サラダ油を熱したフライパンに入れて表面を焼いた後、150℃のオーブンで約30分焼く。冷ましておく。
4　冷ましたものを適当な厚さに切り、器に盛る。
5　ソースの材料を混ぜ合わせ、4にかける。

パテ・ド・カンパーニュ

材料（8×11×32cmのテリーヌ型1本分）
A
├ a
│├ 豚肩肉　360g
│├ 豚背脂　260g
│├ 鶏レバー　180g
│└ 仔牛肩肉　200g
├ b
│├ 玉ネギ（みじん切り）　120g
│└ ニンニク（みじん切り）　少量
├ 卵　1個
├ コーンスターチ　10g
├ 牛乳　30g
├ パン粉　100g
├ 塩　10g
├ マデラ酒　20g
└ コショウ、タイム、パセリ　各適量
豚背脂（薄切り）　適量
ローリエ　1枚
キュウリのピクルス（p.37参照）　適量
サラダ油　適量

1　aは粗引きにして合わせる。bはサラダ油でソテーして冷ます。
2　1と他のAの材料をよく混ぜ合わせる。
3　テリーヌ型の内側に、薄切りの豚背脂を貼りつけるように並べ、端は型の外側にたらしておく。
4　3の型に2を隙間がないように詰め、ローリエを上にのせ、たらしておいた背脂でふたをして、更にテリーヌ型のふたをする。
5　4を湯煎にして180℃のオーブンに入れ、約40分ほど（型の大きさや重量により変わる）火を入れる。
6　火が入ったら少し冷まし、型の上から重石をかけて締め、冷蔵庫で冷やす。最低2～3日ねかせたほうがおいしい。
7　適当な厚さに切って器に盛り、キュウリのピクルスを添える。

豚ばら肉と豚足の赤ワインはちみつ煮込み

豚足のヴィネグレットソース

ハムとパセリのゼリー寄せ

生ハムとオリーブ、ハルミチーズ

豚足と野菜のゼリー寄せ

豚ばら肉と豚足の赤ワインはちみつ煮込み

材料（4、5人分）
豚バラ肉（塊） 500g
豚足 2本
長ネギ（白髪ネギ） 適量
マリネ液
├ 赤ワイン 500g
├ ハチミツ 100g
├ ニンニク（薄切り） 2片分
├ ショウガ（薄切り） 10g
├ ローリエ 2枚
├ 赤トウガラシ 2本
└ 塩 5g

1 マリネ液の材料をすべて鍋に入れ、一度沸騰させ、冷ましておく。
2 1に豚バラ肉と豚足を漬け、1日おく。
3 2をマリネ液ごと圧力鍋に入れて20分加熱し、火からおろしてそのまま10分おき、バラ肉をとり出す。更に15分加熱して、火からおろして5分おき、豚足をとり出す。
4 3のバラ肉と豚足を容器に入れ、鍋の中の汁を注ぎ、味を含ませる。
5 食べる前にバラ肉と豚足をもう一度温め、適当な大きさに切り、皿に盛る。煮汁をかけ、白髪ネギを添える。

豚足のヴィネグレットソース

材料（2、3人分）
豚足 1本
コルニッションのピクルス（みじん切り） 20g
玉ネギ（みじん切り。水でさらしたもの） 20g
ヴィネグレットソース（p.236参照） 適量
パセリ（みじん切り）、粒マスタード 各少量
ゆで卵（みじん切り） 1/2個分

1 豚足は水から入れて、やわらかくなるまでゆでる（約3時間）。
2 1を冷蔵庫で締めた後、骨をはずし、5cm長さくらいのせん切りにし、ボウルに入れる。コルニッション、玉ネギ、ヴィネグレットソース、パセリ、粒マスタードを加えて和え、器に盛り、ゆで卵をあしらう。

ハムとパセリのゼリー寄せ

材料（直径8cm程度のセルクル型1個分）
ハム（1cm角の色紙切り）　50g
コンソメ（p.232参照）　50g
パセリ（みじん切り）　適量
板ゼラチン　2g

1 板ゼラチンを水でふやかす。コンソメを温めた中にふやかしたゼラチンを入れて溶かす。
2 円筒形の型の底にパセリを敷き、ハムを入れ、1を流し込み、冷蔵庫で冷やし固める。
3 固まったら型から出して、器に盛る。

生ハムとオリーブ、パルミジャーノ

材料（3人分）
生ハム（プロシュート）　6枚
緑オリーブ　10個
パルミジャーノ・レッジャーノ・チーズ（削ったもの）　50g

器に盛り合わせる。

豚足と野菜のゼリー寄せ

材料（4、5人分）
豚足（ブイヨン、または水でやわらかく煮込み、骨をはずしたもの）　160g
ハム（5mm角切り）　60g
セロリ（5mm厚さの小口切り）　40g
ニンジン（5mm角切り）　40g
長ネギ（5mm厚さの小口切り）　40g
コンソメ（p.232参照）　適量
塩、コショウ　各適量
板ゼラチン　コンソメの1％

1 豚足は5cm長さほどの細切りにする。
2 鍋にコンソメを入れ、ハム、セロリ、ニンジン、長ネギを加えて火にかける。野菜に火が入ったら1を加え、塩、コショウで味を調え、水でふやかしたゼラチンを加えて混ぜ合わせ、適当な型に流して冷やし固める。
3 型からはずし、適当な厚さに切り、皿に盛る。

牛肉、牛胃、仔羊肉 >

牛肉のタルタル

142

牛トリップの煮込み

仔羊肉とパイナップルの重ね焼き

仔羊肉のフリッツとマンゴー

牛肉のタルタル

材料(1、2人分)
牛肉(赤身。みじん切り)　100g
アサツキ(小口切り)　1本分
ケッパー(みじん切り)　10粒分
ゆで卵(白身と黄身を分け、それぞれ5mm角切り)
　1個分
玉ネギ(みじん切り)　20g
マスタード(ディジョン)　適量
塩、コショウ　各少量

1 牛肉に塩、コショウ、玉ネギ少量、マスタードでほんの少しだけ味をつける。
2 1を皿に盛り、アサツキ、ケッパー、ゆで卵の黄身と白身、残りの玉ネギ、粒マスタードを薬味にあしらう。

牛トリップの煮込み

材料(10人分)
牛トリップ(胃。通称ハチノス)　500g
サラダ油　大さじ3
ニンニク(軽く叩いてつぶしたもの)　1片
赤トウガラシ　1本
ベーコン(5mm幅の拍子木切り)　40g
玉ネギ(くし形切り)　150g
ニンジン(いちょう切り)　110g
セロリ(薄切り)　50g
白ワイン　125g
セロリの葉　15g
ホールトマト　300g
ブイヨン(p.231参照)　250g
水　200g
塩　10g
ローリエ　1枚
ピーマン(小角切り)　30g
タイム　2g
ミニョネット　3粒
黒オリーブ　6個
スタッフド・オリーブ　6個

1 牛トリップは3cm角に切り、半日ほど水にさらしておく。
2 沸騰した湯に1を入れて湯通しし、ザルにあけ、水気を切る。
3 別鍋にサラダ油、ニンニク、タカノツメを入れて熱し、ベーコンを入れて炒め、玉ネギ、ニンジン、セロリを加える。続いて2を入れてよく炒め、白ワインを加える。残りの材料をすべて加え、沸騰したら火を弱め、アクをとる。そのままふたをせずにゆっくり煮込む(3〜4時間くらい)。

＊水分が煮詰まってきたら途中で水を加え、最終的に水っぽくない状態に調整する。

仔羊肉とパイナップルの重ね焼き

材料（約15人分）
仔羊モモ肉（5mm厚さに切ったもの）　500g
パイナップル（5mm厚さに切り、サラダ油でポワレ
　したもの）　適量
玉ネギ（薄切り）　100g
ニンニク（みじん切り）　少量
塩、コショウ、サラダ油
ソース
├ マヨネーズ　50g
├ カレー粉　5g
├ 生クリーム　10g
└ グラニュー糖　2g

1　玉ネギとニンニクは、サラダ油で炒めて冷まして
　おく。
2　仔羊肉、パイナップル、1の順に重ねて5層にし、
　最後が肉になるようにする。
3　2をたこ糸でロールに巻き、塩、コショウをする。
　サラダ油を熱したフライパンに入れて表面を焼い
　た後、150℃のオーブンで約30分焼く。
4　3が温かいうちに（冷めてからでもよい）適当な
　厚さに切り、器に盛る。
5　ソースの材料を混ぜ合わせ、4にかける。

仔羊肉のフリッツとマンゴー

材料（2、3人分）
仔羊肉　200g
マンゴー（果肉）　120g
オレンジジュース（絞り汁）　50g
ジャガイモ（せん切り）　適量
塩、コショウ、小麦粉
揚げ油

1　仔羊肉は一口大に切り、塩、コショウをし、小麦
　粉を薄くまぶして180℃の油で揚げる。
2　マンゴーは肉の半分くらいの大きさに切り、オレ
　ンジジュースを加えて混ぜ合わせ、1を入れて和
　え、器に盛る。
3　ジャガイモを素揚げして、2にのせる。

フォアグラ、レバー >

フォアグラのパルフェ

フォアグラのカナッペ

フォアグラとりんごのロール

ぶどうとフォアグラのキャラメリゼ

フォアグラのパルフェ

フォアグラやレバーは、
できるだけ新鮮なものを使うこと。

材料（10人分以上）
フォアグラ（フレッシュ）　150g
生クリーム　120g
牛乳　120g
卵黄　3個
塩、コショウ
細めのフランスパン（薄切り）　適量

1　フォアグラは血合いなどをとり除いて掃除した後、常温、または少し温かいところに置いておく（冷えているものだと分離しやすい）。
2　ミキサーに1と生クリーム、牛乳、卵黄（いずれも少し常温に戻したもの）を入れて軽く塩、コショウしてからかくはんする。
3　2をシノワで漉し、塩、コショウで味を調える。
4　器に3を入れ、ラップフィルムをかけて蒸す（量にもよるが、20分前後）。
5　4を冷やし、軽くトーストしたフランスパンを添えて供する。

フォアグラのカナッペ

材料（1人分）
フォアグラのテリーヌ（下記参照）　15g
バゲット（5mm厚さのスライス）　1枚
岩塩　適量
白粒コショウ（軽く叩いてつぶしたもの）　適量

1　バゲットを軽くトーストする。
2　1にフォアグラのテリーヌをのせて、岩塩と白粒コショウを少量かける。

フォアグラのテリーヌ

材料（作りやすい量）
フォアグラ（フレッシュ）　350g
マデラ酒　10g
塩、コショウ

1　フォアグラは血合いなどを掃除して塩、コショウし、マデラ酒とともに真空パックして半日ほどおく。
2　1をスチームコンベクションで低温調理（60℃以下で15～18分）する。トーションで包みゆっくり冷まして、粗熱がとれたら冷蔵庫で冷やす。

フォアグラとりんごのロール

材料（10人分）
リンゴ　1個
フォアグラのマリネ（p.25参照）
　　適量（リンゴと同量）
岩塩、ミニョネット　各少量

1　リンゴは6等分のくし形に切り、種と皮をとり除き、器に入れ、ラップフィルムをかぶせて電子レンジで火を通し（1～2分ほど）、冷ましておく。
2　ラップフィルムを敷いた上に、フォアグラのマリネを横に長く並べて置き、その上に1のリンゴを重ねてのせ、空気を抜きながらラップフィルムで巻いてロールにし、両端をねじる。2～3時間冷蔵庫で冷やして形を整える。
3　2を1.5～2cm厚さの輪切りにして器に盛り、岩塩、ミニョネットを散らす。

＊リンゴを電子レンジにかける際、時間が足りないと色が変わってしまったり、また、かけすぎるとやわらかくなりすぎて崩れるので注意する。

ぶどうとフォアグラのキャラメリゼ

材料（4個分）
ブドウ（大粒のもの）　2粒
フォアグラのマリネ（p.25参照）　適量
グラニュー糖、黒コショウ　各適量

1　ブドウを皮つきのまま縦半分に切って、種をとる。
2　種をとったあとに、フォアグラのマリネをのせ、グラニュー糖と黒コショウをふり、バーナーで焼き色をつける（または強火のオーブンで火を入れる）。

レバーペースト　　　　　　　　鶏レバーのフリッツ

卵 >

温泉卵　いくら添え、うに添え

温泉卵の2種ソース

温泉卵　ツナマヨネーズソース

温泉卵　オリーブソース

151

レバーペースト

材料（作りやすい量）
鶏のレバー　150g
ニンニク（みじん切り）　1片分
オリーブ油　30g
塩、コショウ
ゆで卵の黄身　1個
細めのフランスパン（薄切り）　適量
ミニョネット　少量

1　鶏のレバーは2cm幅くらいに切り、1％の塩水に30分つけ、血抜きをする。
2　1の水気を切って、沸騰した湯でブランシールする。
3　フライパンにオリーブ油を入れ、ニンニクを炒める。軽く色がついたところで1のレバーを入れ、強火で軽くソテーする。
4　3をフードプロセッサーに移し、塩、コショウ、ゆで卵の黄身を加え、細かくなるまでかくはんする。容器に入れ、冷蔵庫で冷やし固める。
5　フランスパンを軽くトーストし、4をたっぷりと塗って器に盛り、ミニョネットを添える。

鶏レバーのフリッツ

材料（2人分）
鶏レバー　140g
リンゴ　70g
ハチミツ　15g
粗挽き黒コショウ　少量
塩、コショウ、小麦粉
揚げ油

1　鶏レバーは一口大に切り、塩、コショウをし、小麦粉を薄くまぶして180℃の油で揚げる。
2　リンゴの皮、種をとり除き、2cm角に切り、電子レンジに2分間かける。
3　2にハチミツと黒コショウを加え、1を入れて和える。

＊フルーツを、パイナップルやマンゴーなどに変えてもおいしい。

温泉卵　いくら添え、うに添え

材料（2個分）
卵　2個
コンソメ（p.232参照）　100g
板ゼラチン　2g
イクラ、生ウニ　各適量

1 温泉卵を作る。鍋にたっぷりの湯を沸かす。沸騰したら火を止めて、1割くらいの水を入れて温度を下げ、卵（常温）を入れてふたをする。10分ほどたったら冷水にとって冷ます。
2 板ゼラチンを水でふやかす。コンソメを温めた中に、ふやかしたゼラチンを入れて溶かし、冷蔵庫で冷やす。
3 1の温泉卵を器に1つずつ割り入れ、2を添える。片方にはイクラを、もう片方にはウニを添える。

温泉卵の2種ソース

材料（2個分）
温泉卵（上記参照）　2個
オリーブソース b
　┬ 玉ネギ（みじん切りにして水にさらしたもの）
　│　　大さじ1
　├ スタッフド・オリーブ（みじん切り）　2個分
　├ 黒オリーブ（みじん切り）　1個分
　├ イタリアンパセリ（みじん切り）　2枚分
　├ ブイヨン（p.231参照）　大さじ3
　├ 赤ワインヴィネガー　小さじ1
　├ オリーブ油　大さじ1
　└ 塩、コショウ　各少量
　　＊すべての材料を合わせる
オリーブマヨネーズソース
　┬ 玉ネギ（細かいみじん切り）　小さじ1
　├ スタッフド・オリーブ（細かいみじん切り）　1個分
　├ マヨネーズ　大さじ1
　├ 牛乳　大さじ1
　└ 塩、コショウ　各少量
　　＊すべての材料を合わせる

器に温泉卵を1つずつ割り入れ、オリーブソースとオリーブマヨネーズソースをそれぞれかける。

温泉卵　ツナマヨネーズソース

材料（1個分）
温泉卵（左記参照）　1個
グリーンアスパラガス（3cm斜め切り）　1本分
黒オリーブ、スタッフド・オリーブ（各みじん切り）
　各適量
ツナマヨネーズソース（p.25参照）　適量
塩

1 グリーンアスパラガスは塩ゆでする。
2 器に温泉卵を割り入れ、ツナマヨネーズソースをかけ、グリーンアスパラガス、黒オリーブ、スタッフド・オリーブを添える。

温泉卵　オリーブソース

材料（1個分）
温泉卵（左記参照）　1個
グリーンアスパラガス（3cm斜め切り）　1本分
オリーブソース c
　┬ 玉ネギ（みじん切り）　大さじ1
　├ トマト（みじん切り）　大さじ2
　├ スタッフド・オリーブ（みじん切り）　2個分
　├ 黒オリーブ（みじん切り）　1個分
　├ イタリアンパセリ（みじん切り）　1枚分
　├ シブレット（みじん切り）　3〜4本分
　├ ブイヨン（p.231参照）　大さじ3〜4
　├ 赤ワインヴィネガー　小さじ1
　├ オリーブ油　大さじ1
　└ 塩、コショウ　各少量
塩

1 グリーンアスパラガスは塩ゆでにする。オリーブソースの材料はよく混ぜ合わせる。
2 器に温泉卵を割り入れ、オリーブソースをかけ、グリーンアスパラガスを添える。

フランいろいろ

卵のファルシ

155

フランいろいろ

入れる具でバリエーションが楽しめるフラン。

材料
A 鯛の燻製（p.77参照）、ソラ豆（ゆでて薄皮を除いたもの）、コゴミ、玉ネギのコンフィ（p.220参照）

B 鴨肉の燻製（市販）、長ネギ（輪切りにし、少量のサラダ油で炒めたもの）、ゴボウ（ささがき）、玉ネギのコンフィ（p.220参照）

C ベーコン（2cm長さの棒状）、砂肝（サラダ油でさっとポワレしたもの）、ジャガイモ（蒸して皮をむき、適宜に切ったもの）、セリ（さっとブランシールしたもの）、アサツキ（小口切り）

D シイタケ、シメジ、マイタケ（合わせてさっとサラダ油で炒めたもの）、ベーコン（2cm長さの棒状）、玉ネギのコンフィ（p.220参照）、栗（ゆでたもの）

E タケノコ（ゆでたもの）、玉ネギのコンフィ（p.220参照）、鯛の燻製（p.77参照）、ワカメ、生ハム

フラン生地（下記参照）　各適量

デミタスカップにA～Eの具をそれぞれ入れ、フラン生地を流し、蒸し器で8～10分蒸す。

フラン生地

材料（作りやすい量）
卵　2個
ブイヨン（p.231参照）　200g
牛乳　50g
塩、コショウ　各少量

混ぜ合わせてシノワで漉す。

卵のファルシ

カリフラワーとオリーブのファルシ

材料（1個分）
ゆで卵　1/2個
マヨネーズソース（下記参照）　小さじ1
カリフラワー（小房に切ってブランシール）　5房
スタッフド・オリーブ　1個

ゆで卵にマヨネーズソースをのせ、スタッフド・オリーブ、カリフラワーをのせる。

ハムとそら豆のファルシ

材料（1個分）
ゆで卵　1/2個
マヨネーズソース（下記参照）　小さじ1
ハム（細切り）　1/4枚分
ソラ豆（塩ゆでし、薄皮を除いたもの）　1個

ゆで卵にマヨネーズソースをのせ、ハム、ソラ豆をのせる。

マヨネーズソース

材料（作りやすい量）
マヨネーズ　150g
牛乳　20g

混ぜ合わせる。

＊マヨネーズが固い場合には、少し牛乳などでゆるめると使いやすい。

いくらのファルシ

材料(1個分)
ゆで卵　1/2個
マヨネーズソース(p.156参照)　小さじ1
イクラ　15g

ゆで卵にマヨネーズソースをのせ、イクラをのせる。

ブロッコリーと黒オリーブのファルシ

材料(1個分)
ゆで卵　1/2個
マヨネーズソース(p.156参照)　小さじ1
ブロッコリー(ブランシールしたもの)　1房
黒オリーブ　1個

ゆで卵にマヨネーズソースをのせ、ブロッコリー、黒オリーブをのせる。

サーモンマリネとディルマヨネーズのファルシ

材料(1個分)
ゆで卵　1/2個
マヨネーズソース(p.156参照)　小さじ1
ディル(みじん切り)　適量
サーモンのマリネ(p.65参照)　1切れ
レモン(薄切り)　1/6枚

1 マヨネーズソースにディルを混ぜ合わせる。
2 ゆで卵に1をのせ、サーモンのマリネ、レモンをのせる。

かにのファルシ

材料(1個分)
ゆで卵　1/2個
マヨネーズソース(p.156参照)　小さじ1
カニ(缶詰)　小さじ1
キュウリ(皮をむいてジュリエンヌ)　少量

ゆで卵にマヨネーズソースをのせ、カニ、キュウリをのせる。

えびのファルシ　カクテルソース

材料(1個分)
ゆで卵　1/2個
カクテルソース(p.238参照)　小さじ1
エビ(ゆでたもの)　1尾
赤パプリカ(ジャンボピーマン)　1切れ

ゆで卵にカクテルソースをのせ、エビ、パプリカをのせる。

生ハムとアンディーブのファルシ

材料(1個分)
ゆで卵　1/2個
マヨネーズソース(p.156参照)　小さじ1
生ハム　1/4枚
アンディーブ　小1枚
パルミジャーノ・レッジャーノ・チーズ
　(薄く削ったもの)　1枚

ゆで卵にマヨネーズソースをのせ、生ハム、アンディーブ、パルミジャーノ・レッジャーノ・チーズをのせる。

チーズ >

セロリとフロマージュブランのスティック

きゅうりとゴルゴンゾーラ

ラディッシュとカマンベール

トマトとモッツァレラ

チーズクルトンとハーブサラダ

ぶどうとカマンベール

セロリとフロマージュブランのスティック

材料（4本分）
セロリ（新芽部分）　4本
ソラ豆　2個
フロマージュブラン　40g
生クリーム　10g
塩、コショウ、レモン汁

1　セロリは葉を残しながら、食べやすい大きさに切る。
2　ソラ豆は塩ゆでし、冷水に落とし、薄皮をむいて半割りにする。
3　フロマージュブランに生クリーム、レモン汁、塩、コショウを加えて混ぜ合わせる。
4　1のセロリに3をのせ、2のソラ豆を添える。

きゅうりとゴルゴンゾーラ

材料（6個分）
キュウリ（5mm厚さの斜め切り）　6枚
A
├ 干しブドウ　15g
├ ゴルゴンゾーラ・チーズ　60g
├ 生クリーム　20g
└ 玉ネギ（みじん切り）　大さじ1
ライ麦パン（カレンズ入り）　適量
塩、コショウ　各少量

1　キュウリは軽く塩をふり、水気をふく。干しブドウはみじん切りにする。
2　Aを混ぜ合わせ、1のキュウリにのせて器に盛り、棒状に切ったライ麦パンをあしらう。

ラディッシュとカマンベール

材料（3人分）
ラディッシュ（葉つき）　3個
カマンベール・チーズ　3切れ

1　ラディッシュは葉を残したまま、縦半分に切る。
2　器にカマンベール・チーズと1のラディッシュを盛り合わせる。

トマトとモッツァレラ

材料（2人分）
トマト　小1/2個
モッツァレラ・チーズ　適量
プティトマト　2個
ルコラ　適量
E.V. オリーブ油　適量
塩、コショウ　各少量

1　大きさを揃えて一口大に切ったトマトとモッツァレラ・チーズを重ねて皿に盛り、塩、コショウをふり、縦半分に切ったプティトマトを添える。
2　ルコラをあしらい、E.V. オリーブ油をかける。

チーズクルトンとハーブサラダ

材料
バゲット（1cm厚さの斜め切り）、ゴルゴンゾーラ・チーズ　各適量
レタス、ルコラ、セルフィーユ、イタリアンパセリ、レモンドレッシング（p.61参照）　各適量

1　ゴルゴンゾーラ・チーズを薄切りにして、バゲットにのせ、オーブンで焼き目をつける程度に焼く。
2　器にレタス、セルフィーユ、ルコラ、イタリアンパセリを盛り、レモンドレッシングをかける。1を添える。

ぶどうとカマンベール

材料（4個分）
ブドウ（大粒のもの）　2粒
カマンベール・チーズ　適量
粗挽き黒コショウ　少量

1　ブドウを皮つきのまま縦半分に切り、種をとる。
2　1の種をとったあとに、カマンベール・チーズを成形したものをのせ、バーナーで薄く焼き色をつける。黒コショウをふる。

by styles

料理別

料理別

スープ >

フォアグラ入りコンソメスープ（温）

芽ねぎのスープ（温）

新玉ねぎのスープ（温）

カレー風味のスープ（温）

グリーンスープ　生ハムの香り（温）

スープ

突き出しがわりに提供したい少量のスープ。
コンソメ味あり、野菜の旨みを生かしたものあり、
フルーツをきかせたものありと、バラエティ豊か。

フォアグラ入りコンソメスープ（温）

材料
コンソメ（p.232参照）　適量
フォアグラ（フレッシュ。またはマリネしたもの
〈p.25参照〉でも可。薄切り）　適量

コンソメを温めて器に注ぎ、フォアグラを浮かべる。

芽ねぎのスープ（温）

材料
コンソメ（p.232参照）　適量
芽ネギ（2cm長さに切る）　適量

コンソメを温めて器に注ぎ、芽ネギを浮かべる。

新玉ねぎのスープ（温）

材料（4～6人分）
新玉ネギ（薄切り）　50g
コンソメ（p.232参照）　200g
サラダ油　適量
粗挽き黒コショウ、塩

新玉ネギをサラダ油でよく炒め、コンソメを加える。塩で味を調えて器に注ぎ、粗挽き黒コショウをふる。

カレー風味のスープ（温）

材料
コンソメ（p.232参照）　適量
生クリーム　適量
カレー粉　適量

1 コンソメを温めて器に注ぐ。
2 生クリームをボウルに入れ、底を氷にあてながら少し立てた後、カレー粉を加えきっちりと立てる。
3 2を1に浮かべ、サラマンドルまたはバーナーで焼き色をつける。

グリーンスープ　生ハムの香り（温）

材料
コンソメ（p.232参照）　適量
生ハム　適量
グリーンソース（作りやすい量）
├ ニンニク　1/2片
├ 小松菜（葉）　1/3杷
└ 塩、ブイヨン（p.231参照）、サラダ油　各少量

1 グリーンソースを作る。鍋に少量のサラダ油を入れ、小松菜を入れ、ニンニクを刺したフォークでかき混ぜながら炒め、香りをつける。軽く塩をして、少量のブイヨンと合わせてミキサーにかけ（ニンニクは入れない）、ピュレにする。
2 温めたコンソメに1のグリーンソースを適量加え、器に注ぐ。生ハムを添える。

かぶのスープ（冷・温）

ねぎとしいたけのスープ（温）

カリフラワーのスープ（冷・温）

白いんげん豆とパイナップルのスープ（冷・温）

ピーナッツのスープ（冷）

さつまいもとバナナのスープ（冷・温）

かぶのスープ（冷・温）

材料（3、4人分）
カブ（皮をむいたもの）　180g
ブイヨン（p.231参照）　180g
水　適量
塩、コショウ

1 カブを器に入れ、ラップフィルムをかぶせて電子レンジにかけ（約3分）、やわらかくする。
2 1とブイヨンを合わせてミキサーにかけ、水、塩、コショウで味と濃度を調え器に注ぐ。

ねぎとしいたけのスープ（温）

材料（2、3人分）
長ネギ　100g
生ハム（プロシュート）　1枚＊
＊切れ端でよい
シイタケ（ゆでて水気を切ったもの）　1個
ブイヨン（p.231参照）　100g
水　100g
黒粒コショウ（つぶしたもの）　適量

1 長ネギは生ハムを加えた湯でゆでて、香りが十分出たら、生ハムをとり出す。
2 1の長ネギをゆで汁ごとミキサーに入れ、シイタケ、ブイヨン、水を加えてかくはんし、鍋に移して温め、器に注ぐ。つぶした黒コショウをふる。

カリフラワーのスープ（冷・温）

材料（3、4人分）
A
├ カリフラワー（ゆでたもの）　160g
├ ブイヨン（p.231参照）　60g
├ 牛乳　180g
└ 塩、コショウ
アンチョビ（フィレ）　1枚
オリーブ油　適量

1 Aの材料をミキサーにかけ、器に注ぐ。
2 アンチョビを細かく刻み、オリーブ油と混ぜ合わせ、1にかける。

白いんげん豆とパイナップルのスープ（冷・温）

材料（5、6人分）
白インゲン豆（水で戻し、やわらかく煮たもの）
　200g
パイナップル（軽くシロップで煮たもの）　50g
牛乳　150g
塩、コショウ

材料をすべて合わせてミキサーにかけ、器に注ぐ。

ピーナッツのスープ（冷）

材料（4、5人分）
生ピーナッツ　200g
牛乳　150g
生クリーム　50g
塩、コショウ

1　ピーナッツは水に半日つけておく。
2　1の水気を切り、牛乳とともにミキサーにかけ、生クリームを加え、塩、コショウで味を調える。

さつまいもとバナナのスープ（冷・温）

材料（5、6人分）
サツマイモ（蒸して皮をとり除いたもの）　250g
バナナ（皮をとり除いたもの）　50g
水　250g
塩　少量
レモン汁　適量
粗挽き黒コショウ　適量

サツマイモ、バナナ、水、塩、レモン汁をミキサーにかけて器に注ぎ、黒コショウをふる。

りんごとグリーンピースのスープ（冷・温）

グリーンピースとパイナップルのスープ（冷・温）

トマトのガスパチョ（冷）

トマトのスープ（冷）

パプリカとオレンジのスープ（冷）

いちごとオレンジのスープ（冷）

りんごとグリーンピースのスープ（冷・温）

材料（6～9人分）
リンゴ（皮をむく）＊　80g
＊青リンゴがいいが、なければ他のリンゴでよい
グリーンピース（ゆでて薄皮を除く）　80g
牛乳　160g
生クリーム　30g
塩、コショウ　各少量

材料をすべて合わせてミキサーにかけ、シノワで裏漉し、塩、コショウで味を調え、器に注ぐ。

グリーンピースとパイナップルのスープ（冷・温）

材料（6～9人分）
パイナップル（軽くシロップで煮たもの）　80g
グリーンピース（ゆでたもの）　80g
牛乳　160g
生クリーム　30g
塩、コショウ、グラニュー糖　各少量

材料をすべて合わせてミキサーにかけ、シノワで裏漉し、塩、コショウ、グラニュー糖で味を調え、器に注ぐ。

トマトのガスパチョ（冷）

材料（4、5人分）
A
  ┌ トマト（完熟）　250g
  ├ トマトジュース　150g
  ├ 玉ネギ　25g
  ├ キュウリ　25g
  ├ セロリ　20g
  ├ 赤パプリカ（ジャンボピーマン）　25g
  ├ ニンニク（みじん切り）　小さじ1/2
  └ 赤ワインヴィネガー　10g
イタリアンパセリ、ルコラ　各適量
オリーブ油　50g
塩、コショウ

1　Aの材料をミキサーにかけ、塩、コショウで味を調える。
2　イタリアンパセリ、ルコラは軽くブランシールして塩、コショウし、オリーブ油とともにミキサーにかける。
3　1を器に注ぎ、2を加える。

トマトのスープ（冷）

材料（4、5人分）
トマト　200g
玉ネギ　50g
ニンニク（みじん切り）　小さじ1/2
バジル　1枝
トマトジュース　200g
タバスコ　少量
赤ワインヴィネガー　5g
塩、コショウ　各適量

材料をすべて合わせてミキサーにかけ、器に注ぐ。

パプリカとオレンジのスープ（冷）

材料（2、3人分）
赤パプリカ（ジャンボピーマン）　120g
ブラッドオレンジジュース（絞り汁）　140g
塩、E.V. オリーブ油　各少量

1　パプリカを器に入れ、ラップフィルムをかぶせて電子レンジにかけ（約3分）、やわらかくする。
2　1と他の材料をすべてミキサーにかけ、塩で味を調え器に注ぐ。

いちごとオレンジのスープ（冷）

材料
イチゴ、オレンジジュース（絞り汁）　各適量（同量）
粗挽き黒コショウ　少量

イチゴとオレンジジュースを同量ずつ合わせてミキサーにかけ、シノワで裏漉し、器に注ぎ、黒コショウをふる。

カナッペ >

カナッペ3種盛り合わせ

スモークサーモンの
カナッペ

鯛燻製のカナッペ

ローストビーフの
カナッペ

カナッペ２種盛り合わせ

パプリカとアンチョビのカナッペ

フロマージュブランの
カナッペ

アボカドのカナッペ

揚げなすのカナッペ

カナッペ3種盛り合わせ
ちょっとしたパーティでも大活躍のカナッペ。
複数組み合わせるなら
味と彩り、形のバランスを考えて。

ローストビーフのカナッペ

材料（4個分）
食パン（10枚切り）　1枚
ローストビーフ（薄切り）　適量
マスタードバター（ポマード状にしたバターに、マスタードを少量混ぜ合わせたもの）　適量

食パンの片面にマスタードバターを塗り、ローストビーフをのせ、みみを切り落とし、4等分に切る。

鯛燻製のカナッペ

材料（6個分）
食パン（10枚切り）　1枚
鯛の燻製（p.77参照。薄切り）　適量
マスタードバター（上記参照）　適量

食パンの片面にマスタードバターを塗り、鯛の燻製をのせ、みみを切り落とし、6等分に切る。

スモークサーモンのカナッペ

材料（3個分）
食パン（10枚切り）　1枚
スモークサーモン　適量
マスタードバター（上記参照）　適量

食パンの片面にマスタードバターを塗り、スモークサーモンをのせ、みみを切り落とし、3等分の三角形に切る。

カナッペ2種盛り合わせ

フロマージュブランのカナッペ

材料（4個分）
食パン（10枚切り）　1枚
A
├ フロマージュブラン　100g
├ エシャロット（みじん切り）　少量
├ シブレット（みじん切り）　少量
├ セルフィーユ　少量
├ 生クリーム　30g
└ 塩、コショウ、レモン汁　各少量

1 Aの材料を混ぜ合わせる。
2 食パンの片面に1を薄く塗り、みみを切り落とし、4等分に切る。

アボカドのカナッペ

材料（4個分）
食パン（10枚切り）　1枚
アボカド（裏漉し）　120g
塩　ひとつまみ
レモン汁　少量
生クリーム　40g

1 アボカド、塩、レモン汁を混ぜ合わせ、七分立てにした生クリームを加え、混ぜ合わせる。
2 食パンの片面に1を薄く塗り、みみを切り落とし、4等分に切る。

パプリカとアンチョビのカナッペ

材料（4個分）
食パン（10枚切り）　1枚
A
├ 赤、黄パプリカ（ジャンボピーマン）　各200g
├ 赤ワインヴィネガー　10g
├ オリーブ油　10g
└ 塩（岩塩があればなおよい）、コショウ
アンチョビ（フィレ。縦半分に切ったもの）　4枚
マスタードバター（p.176参照）　適量
クレソン　適量

1 パプリカはそれぞれ180℃のオーブンで20〜25分ローストして、皮をむき、2cmの棒状に切る。
2 Aを合わせ、半日以上マリネする。
3 食パンの片面にマスタードバターを薄く塗り、2のパプリカのマリネをきれいに並べ、みみを切り落とし、4等分に切る。
4 3を器に盛り、アンチョビをのせ、クレソンを飾る。

揚げなすのカナッペ

材料（4個分）
食パン（10枚切り）　1枚
ナス　2個
黒オリーブ（みじん切り）、アンチョビ（みじん切り）、
　スタッフド・オリーブ（みじん切り）　各適量
揚げ油

1 ナスはガクを切り落とし、つまようじで数か所穴を開け、150℃の油で揚げる。温かいうちに皮をむき、冷ます。
2 1を縦に薄く切り、食パンの上に並べる。
3 黒オリーブとアンチョビを混ぜ合わせたもを、2のナスの間に挟み込むようにしてのせる。スタッフド・オリーブも同様にのせる。
4 パンのみみを切り落とし、4等分に切る。

生ハムとピクルスのカナッペ

ローストビーフとピクルスのカナッペ

帆立貝のカナッペ

帆立貝といくらのカナッペ

サーモンマリネのカナッペ

生ハムとピクルスのカナッペ

材料（3個分）
生ハム（プロシュート）　1/2枚×3
キュウリのピクルス（p.37参照。3cm の短冊切り）
　3本
細めのフランスパン（5mm 厚さの輪切り）　3枚

フランスパンに生ハムをのせ、キュウリのピクルスをのせる。

ローストビーフとピクルスのカナッペ

材料（3個分）
ローストビーフ、キュウリのピクルス（p.37参照。みじん切り）、アサツキ（小口切り）、ヴィネグレットソース（p.236参照）　各適量
細めのフランスパン（5mm 厚さの輪切り）　3枚

1 ローストビーフは飾り用に少しとりおき、残りを細かく刻む。
2 細かく刻んだローストビーフにキュウリのピクルスとアサツキを混ぜ、ヴィネグレットソースで調味する。
3 フランスパンに2をのせ、とりおいたローストビーフを飾る。

帆立貝のカナッペ

材料（3個分）
ホタテ貝柱　1個
シイタケ　20g
タルタルソース　大さじ2
細めのフランスパン（5mm厚さの輪切り）　3枚
塩、コショウ、サラダ油

1 シイタケはゆでてみじん切りにし、タルタルソースに混ぜる。
2 ホタテ貝柱は軽く塩、コショウをし、4等分に切り、サラダ油を熱したフライパンで焼く。
3 フランスパンに1をのせ、2をのせる。

帆立貝といくらのカナッペ

材料（3個分）
ホタテ貝柱　1個
粒マスタード（ディジョン）　適量
アサツキ（小口切り）　適量
イクラ　適量
細めのフランスパン（5mm厚さの輪切り）　3枚
塩、コショウ

1 ホタテ貝柱は細かく刻み、塩、コショウをし、粒マスタードを加え、アサツキを混ぜる。
2 フランスパンに1をのせ、イクラをのせる。

サーモンマリネのカナッペ

材料（3個分）
サーモンのマリネ（p.65参照。薄切り）　3切れ
玉ネギ（薄切り）　適量
ケッパー　3粒
細めのフランスパン（5mm厚さの輪切り）　3枚

フランスパンにサーモンのマリネを形を整えてのせ、玉ネギと軽くつぶしたケッパーをのせる。

トマトとモッツァレラのカナッペ

チェダー・チーズとセロリのカナッペ

コロッケ >

マッシュポテトのコロッケ

さつまいものコロッケ

ベシャメル入り野菜コロッケ

チーズコロッケ

トマトとモッツァレラのカナッペ

材料（3個分）
プティトマト　1/2個×3
モッツァレラ・チーズ（薄切り）　3枚
イタリアンパセリ（葉）　3枚
アンチョビ（フィレ。縦半分に切ったもの）
　3枚
細めのフランスパン（5mm厚さの輪切り）　3枚

フランスパンにモッツァレラ・チーズ、イタリアンパセリ、プティトマトを順にのせ、一番上にアンチョビを巻いたものをのせる。

チェダー・チーズとセロリのカナッペ

材料（3個分）
チェダー・チーズ（3cm角の薄切り）　3枚
セロリ（3cm長さの棒状）　3本
細めのフランスパン（5mm厚さの輪切り）　3枚
レモンマヨネーズ（マヨネーズにレモン汁を加えたもの）　適量
レモン（いちょう切り）、黒粒コショウ（軽くつぶす）

フランスパンにチェダー・チーズ、セロリ、レモンマヨネーズをのせ、レモン、黒コショウを添える。

マッシュポテトのコロッケ

材料(8個分)
A
- ジャガイモ 150g
- バター 30g
- 卵黄 1個
- 生クリーム 50g
- オリーブ油 大さじ2

塩、コショウ 各少量
小麦粉、卵、パン粉(細かいもの)
揚げ油

1 ジャガイモは蒸して皮をむき、細かく裏漉す。Aの材料をすべて混ぜ合わせ、塩、コショウで調味し、ボール形に丸めて、冷蔵庫に少し入れて締める。
2 1に小麦粉、溶き卵、パン粉の順につけ、170℃の油で揚げる。

＊イモの種類や蒸しぐあいにより、生クリームなどの量は変わる(下記も同様)。

さつまいものコロッケ

材料(6個分)
A
- サツマイモ 150g
- バター 10g
- 生クリーム 15g

塩、コショウ、レモン汁 各少量
小麦粉、卵、パン粉(細かいもの)
揚げ油

1 サツマイモは蒸して皮をむき、細かく裏漉す。Aの材料をすべて混ぜ合わせ、塩、コショウ、レモン汁で調味し、ボール形に丸めて、冷蔵庫に少し入れて締める。
2 1に小麦粉、溶き卵、パン粉の順につけ、170℃の油で揚げる。

ベシャメル入り野菜コロッケ

材料(6個分)
ご飯 100g
玉ネギ(みじん切り) 50g
ホウレン草(粗みじん切り) 50g
バター 5g
ブイヨン(p.231参照) 120g
パルメザン・チーズ(すりおろし) 10～15g
ベシャメルソース(p.234参照) 適量
塩、コショウ
小麦粉、卵、パン粉(細かいもの)
揚げ油

1 鍋にバターを入れ、玉ネギを炒め、ブイヨンを入れ、ご飯、ホウレン草、パルメザン・チーズ、ベシャメルソースを加えて混ぜ、塩、コショウで味を調える。冷蔵庫で締めておく。
2 1を50gくらいのボール形に丸め、小麦粉、溶き卵、パン粉の順につけ、150℃の油で揚げる。

チーズコロッケ

材料(8個分)
A
- カマンベール・チーズ 100g
- ゴルゴンゾーラ・チーズ 100g
- サントモール・チーズ 100g
- モッツァレラ・チーズ 100g
- パン粉 50g

小麦粉、卵、パン粉(細かいもの)
揚げ油

1 Aの材料をフードプロセッサーにかけて混ぜ合わせ、冷蔵庫で締めておく。
2 1を80gずつに分け、棒状にのばし、冷凍庫に入れて冷凍する。
3 2に小麦粉、溶き卵、パン粉の順につけ、再び冷凍する。
4 180～200℃の高温の油に、3を凍ったまま入れて揚げる。

ピンチョス（冷・温）　>

ぶどうとナチュラルチーズの
ピンチョス（冷）

グリーンアスパラガスと
カマンベールのピンチョス（冷）

いわしと玉ねぎのピクルスの
ピンチョス（冷）

かじきまぐろのピクルスと
オリーブのピンチョス（冷）

かじきまぐろと野菜の
ピクルスのピンチョス（冷）

| 鶏肉とピクルスの
ピンチョス（冷） | ローストビーフと
コルニッションのピンチョス（冷） | ゆで豚とレタスの
ピンチョス（冷） |

| 鴨の燻製とカリフラワーの
ピクルスのピンチョス（冷） | ハムとコルニッションの
ピンチョス（冷） | 生ハムとアスパラガスの
ピンチョス（冷） |

ぶどうとナチュラルチーズの
ピンチョス（冷）

ピンチョスとは、スペイン語で片手でつまんで食べるフィンガーフードのこと。もともとは串や楊子を指した。

材料（1本分）
ブドウ（大粒のもの） 1粒
ナチュラル・チーズ（白カビタイプ） 1切れ
ナチュラル・チーズ（青カビタイプ） 1切れ

材料を串に刺し、器に盛る。

グリーンアスパラガスとカマンベールの
ピンチョス（冷）

材料（1本分）
グリーンアスパラガス（太め） 1本
カマンベール・チーズ　適量
タルタルソース　適量
塩

1 グリーンアスパラガスは塩ゆでし、冷水にとって冷まし、5cmほどの長さに切る。カマンベール・チーズはアスパラガスの大きさに揃えて1枚切りとる。
2 1を順に串に刺して器に盛り、タルタルソースを添える。

いわしと玉ねぎのピクルスの
ピンチョス（冷）

材料（2本分）
イワシ 1尾
玉ネギ（くし形切り） 1/16×2個
ピクルス液（p.37参照） 適量

1 イワシは三枚におろし、ピクルス液に半日ほど漬ける。
2 玉ネギは別容器に入れた新たなピクルス液に、最低半日漬ける。
3 1と2を1切れずつ串に刺し、器に盛る。

かじきまぐろのピクルスとオリーブの
ピンチョス（冷）

材料（2本分）
カジキマグロ　40g×2個
緑オリーブ　2個
ピクルス液（p.37参照）　適量

1 カジキマグロは蒸したのち、ピクルス液に1日ほど漬けておく。
2 1のカジキマグロと緑オリーブを串に刺し、器に盛る。

かじきまぐろと野菜のピクルスの
ピンチョス（冷）

材料（3本分）
カジキマグロ（切り身） 100g
ニンジン（3cm角切り） 50g
キュウリ（3cm角切り） 50g
大根（3cm角切り） 50g
黒オリーブ 3個
ピクルス液（p.37参照） 適量

1 野菜はあらかじめ、それぞれピクルス液に漬けておく（1日以上）。
2 カジキマグロは蒸したのち、新たなピクルス液に漬ける（1日程度）。
3 1、2とも味が染み込んだら、黒オリーブとともに串に刺して器に盛る。

鶏肉とピクルスのピンチョス（冷）

材料（5本分）
鶏胸肉＊　1枚
＊皮をとり、塩、コショウをして70℃のオーブンで10分くらい火を入れたもの（芯温57℃くらいがよい）
大根のピクルス（p.37参照）　適量

1　鶏胸肉は3cm角くらいに切る。大根のピクルスは2cm角くらいに切る。
2　1の鶏肉と大根のピクルスを串に刺し、器に盛る。

ローストビーフとコルニッションのピンチョス（冷）

材料（1本分）
ローストビーフ（薄切り）　2枚
コルニッションのピクルス　1個

材料を串に刺し、器に盛る。

ゆで豚とレタスのピンチョス（冷）

材料（1本分）
豚バラ肉（薄切り）　2枚
レタス　適量
ツナマヨネーズソース（p.25参照）　適量

1　豚バラ肉は軽くゆでる。
2　広げたレタスにツナマヨネーズソースを塗り、1の上に重ねて巻き、串に刺し、器に盛る。

鴨の燻製とカリフラワーのピクルスのピンチョス（冷）

材料（1本分）
鴨の燻製（市販）　1枚
カリフラワーのピクルス（p.37参照）　1個

材料を串に刺し、器に盛る。

ハムとコルニッションのピンチョス（冷）

材料（1本分）
ハム（角切り）　2個
コルニッションのピクルス　2個

材料を串に刺し、器に盛る。

生ハムとアスパラガスのピンチョス（冷）

材料（1本分）
生ハム　1枚
グリーンアスパラガス　1本
ヴィネグレットソース（p.236参照）　適量
塩

1　グリーンアスパラガスは塩ゆでして冷まし、5cmくらいの長さに切る。
2　1と生ハムを巻いたものを串に刺し、器に盛り、ヴィネグレットソースを添える。

たこのピンチョス（温）

小えびのピンチョス
ごま風味（温）

オマールのピンチョス
ピリ辛トマトソース（温）

オマールとマッシュルームの
ピンチョス（温）

帆立貝と生ハムの
ピンチョス（温）

しいたけと帆立貝の
ピンチョス（温）

さよりとうずらの卵の
ピンチョス（温）

エリンギとしいたけの
ピンチョス（温）

ローストビーフと
揚げじゃがいもの
ピンチョス（温）

たこのピンチョス（温）

材料
タコ（足）　適量
ピリ辛トマトソース（p.236参照）　適量

1　タコをぶつ切りにして串に刺し、炭火で焼く。
2　器に盛り、ピリ辛トマトソースをかける。

小えびのピンチョス　ごま風味（温）

材料（1本分）
小エビ（殻をむく）　2尾
白ゴマ、黒ゴマ　各適量
トマトケチャップ　大さじ2
マヨネーズ　小さじ1
タバスコ　少量
塩、コショウ

1　小エビに軽く塩、コショウをし、串に刺す。
2　白ゴマと黒ゴマを混ぜ合わせて1につけ、炭火で焼いて、器に盛る。
3　トマトケチャップとマヨネーズを混ぜ、タバスコを加え、2に添える。

オマールのピンチョス　ピリ辛トマトソース（温）

材料（1本分）
オマール（胴の身）　半身
ピリ辛トマトソース（p.236参照）　適量
塩、コショウ

1　オマールの身を縦に串に刺し、塩、コショウをし、炭火で焼く。
2　器に盛り、ピリ辛トマトソースをかける。

オマールとマッシュルームのピンチョス（温）

材料（1本分）
オマール（胴の身）　半身
マッシュルーム　1個
レモン（くし形切り）　1/8個
E.V. オリーブ油　適量
塩、コショウ

1　オマールの身とマッシュルームに塩、コショウをし、マッシュルームにオマールを巻きつける。串に刺し、炭火で焼く。
2　器に盛り、レモンを添えて、E.V. オリーブ油を回しかける。

帆立貝と生ハムのピンチョス（温）

材料（1本分）
ホタテ貝柱　1個
生ハム（プロシュート）　1/2枚
黒オリーブ　1個
塩、コショウ
岩塩、E.V. オリーブ油

1　ホタテ貝柱に軽く塩、コショウをする。
2　ホタテ貝柱に切り目を入れて、生ハムを挟み、黒オリーブとともに串に刺し、炭火で焼く。
3　器に盛り、岩塩を添え、E.V. オリーブ油を回しかける。

しいたけと帆立貝のピンチョス（温）

材料（1本分）
シイタケ（肉厚のもの）　1/2個
ホタテ貝柱　1/2個
レモン（くし形切り）　1/8個
塩、コショウ

シイタケとホタテ貝柱にそれぞれ軽く塩、コショウをし、串に刺す。炭火で焼き、器に盛り、レモンを添える。

さよりとうずらの卵のピンチョス（温）

材料（4本分）
サヨリ　2尾
ウズラの卵　4個
タルタルソース　適量
揚げ油

1　ウズラの卵をゆで、殻をむく。
2　サヨリは三枚におろした身をロールに巻いて串に刺し、150℃の油でさっと揚げる。
3　2に1を刺して器に盛り、タルタルソースを添える。

エリンギとしいたけのピンチョス（温）

材料（1本分）
エリンギ（中）　1本
シイタケ（肉厚のもの）　1/2個
岩塩、ミニョネット

エリンギは4〜5cm長さに切り、シイタケとともに串に刺し、炭火で焼く。器に盛り、岩塩とミニョネットを添える。

ローストビーフと揚げじゃがいものピンチョス（温）

材料（2本分）
ローストビーフ　2切れ
ジャガイモ（極小）　2個
揚げ油
粒マスタード

1　ジャガイモは皮をむき、油で揚げる。
2　ローストビーフと1を串に刺し、器に盛り、粒マスタードを添える。

牛たんと長ねぎの
ピンチョス（温）

ベーコンと揚げじゃがいもの
ピンチョス（温）

ベーコンとアスパラガスの
ピンチョス（温）

さつまいもと鴨肉の
ピンチョス（温）

長ねぎと鴨肉、エリンギの
ピンチョス（温）

ポークフリット

ソーセージとししとうの
ピンチョス（温）

魚介のフリット

かじきまぐろのフリット

牛たんと長ねぎのピンチョス（温）

材料（1本分）
牛タン（皮をとり、3cm角くらいに切ったもの）　1個
長ネギ（1cm長さに切ったもの）　1個
レモン（くし形切り）　1個
岩塩　少量

牛タンと長ネギを1個ずつ串に刺し、炭火で焼く。器に盛り、レモンと岩塩を添える。

ベーコンと揚げじゃがいものピンチョス（温）

材料（2本分）
ベーコン（角切り）　2個
ジャガイモ（極小）　2個
揚げ油

1　ベーコンをフライパンで焼いて、軽く焼き目をつける。
2　ジャガイモは皮をむき、油で揚げる。
3　1と2を1個ずつ串に刺し、器に盛る。

ベーコンとアスパラガスのピンチョス（温）

材料（1本分）
ベーコン（角切り）　1個
グリーンアスパラガス　1本
岩塩、ミニョネット
塩

1　グリーンアスパラガスは塩ゆでして冷まし、5cmくらいの長さに切っておく。
2　1とベーコンを串に刺し、炭火で焼く。器に盛り、岩塩とミニョネットを混ぜたものを添える。

さつまいもと鴨肉のピンチョス（温）

材料（1本分）
サツマイモ（ゆでて輪切りにしたもの）　1個
鴨肉（ローストしたもの）　1切れ
岩塩

1　サツマイモは炭火で焼いて、焼き色をつける。
2　1とローストした鴨肉を串に刺して器に盛り、岩塩を添える。

長ねぎと鴨肉、エリンギのピンチョス（温）

材料（1本分）
鴨肉　1切れ
長ネギ　3cm
エリンギ　3cm
バルサミコ酢、E.V.オリーブ油

1　エリンギ、鴨肉、長ネギを順に串に刺し、炭火で焼き、器に盛る。
2　バルサミコ酢とE.V.オリーブ油を混ぜたものをさっとかける。

ソーセージとししとうのピンチョス（温）

材料（1本分）
ソーセージ　1本
シシトウガラシ　2個
ピリ辛トマトソース（p.236参照）　適量

ソーセージとシシトウガラシを串に刺し、炭火で焼く。皿に盛り、ピリ辛トマトソースを添える。

ポークフリット

材料（6個分）
豚ロース肉　90g
塩、コショウ　各少量
リンゴ（5mm角切り）　10g
揚げ油
ポン酢ソース
├ ショウユ　90g
├ 酢　60g
├ 軽いブイヨン（p.231参照。または水）　180g
└ セロリ（すりおろし）　適量
　＊ショウユ、酢、ブイヨンを合わせて軽くひと煮立ちさせ、冷ましてセロリと混ぜ合わせる

1 豚肉を包丁で細かく叩き、塩、コショウをし、リンゴと合わせる。
2 1を6等分にして丸め、160℃の油で揚げる。
3 2に串を刺して器に盛り、ポン酢ソースを添える。

魚介のフリット

材料（6個分）
ホタテ貝柱　35g
イカ　25g
むきエビ　25g
水菜（ゆでて粗みじん切り）　5本
ナンプラーソース（p.235参照）　適量
揚げ油

1 ホタテ貝柱、イカ、エビは包丁で叩き、水菜と合わせる。
2 1を6等分にして丸め、140～150℃の油で揚げる。
3 2に串を刺して器に盛り、ナンプラーソースを添える。

かじきまぐろのフリット

材料（6個分）
A
├ カジキマグロ　80g
├ カラシ菜　10g
├ 黒オリーブ　2個
├ スタッフド・オリーブ　1個
└ アンチョビ（フィレ）　1枚
塩、コショウ
揚げ油

1 Aの材料をそれぞれ細かく刻み、合わせて、塩、コショウをする。
2 1を6等分にして俵型にし、140～150℃の油で揚げる。
3 2に串を刺して器に盛る。

シュー詰め ＞

クリームチーズとパプリカ入りシュー

ハムとクリームチーズ入りシュー

カレー風味クリームチーズ入りシュー

フロマージュブラン入りシュー

アボカドのムース入りシュー

黒ごま入り

かぼちゃのムース
プレーン

かぼちゃのムース入りシュー

クリームチーズとパプリカ入りシュー

シュークリームでお馴染みのシューに、
さまざまな具を詰めた。つまんで食べられるので、
カナッペ感覚で楽しめる。

材料
A（目安の量）
- クリームチーズ　50g
- オリーブ油　10g
- 黄パプリカ（ジャンボピーマン。みじん切り）　5g
- 赤パプリカ（ジャンボピーマン。みじん切り）　10g
- 生ハム（5mm角の色紙切り）　10g
- 塩、コショウ

黒ゴマシュー（最後に黒ゴマをふりかけて焼いた
　シュー。右記参照）　適量

1　Aの材料を混ぜ合わせる。
2　黒ゴマシューを下から2/3のところで切り分け、1を入れ、切りはずしたシューを少しずらしてのせる。

カレー風味クリームチーズ入りシュー

材料
A（目安の量）
- クリームチーズ　70g
- 牛乳　10g
- 生クリーム　20g
- カレー粉　小さじ1
- 塩　少量
- 干しブドウ　15粒
- パイナップル（5mm角切り）　10g

アーモンドシュー（最後に砕いたアーモンドをふりか
　けて焼いたシュー。右記参照）　適量

1　Aの材料を混ぜ合わせる。
2　アーモンドシューを下から2/3のところで切り分け、1を入れ、切りはずしたシューを少しずらしてのせる。

ハムとクリームチーズ入りシュー

材料
A（目安の量）
- クリームチーズ　50g
- ホウレン草（ゆでてよく水気をとり、みじん切り）　16g
- ハム（みじん切り）　10g
- 塩、コショウ、レモン汁　各少量

アーモンドシュー（最後に砕いたアーモンドをふりか
　けて焼いたシュー。下記参照）　適量

1　Aの材料を混ぜ合わせる。
2　アーモンドシューを下から2/3のところで切り分け、1を入れ、切りはずしたシューを少しずらしてのせる。

シュー生地

材料
水　250g
バター　90g
グラニュー糖　5g
塩　ひとつまみ
小麦粉（ふるっておく）　125g
卵　4〜5個

＊焼くときに、白ゴマ、黒ゴマ、アーモンド（砕いたもの）などをふりかける

1　鍋に水、バター、グラニュー糖、塩を入れて中火にかける。バターが完全に溶けて沸騰したら火からはずし、ふるっておいた小麦粉を一度に加えて手早く混ぜ合わせ、1つにまとめる。
2　1を再び中火にかけて、生地の水分をとばすように練り、鍋底に薄い膜が張るようになったらとり出して、ボウルに移す。
3　卵を1個ずつ溶きほぐして2に加えながら、手早く混ぜ込み、卵が3個入ったら、生地に粘りが出るまでよく練る。固さを見ながら残りの卵を少しずつ加えて混ぜ、木ベラですくってみて、ゆっくり落ちる程度の固さに調節する。
4　3を絞り袋に入れて、直径2cmくらいのボール状に天板の上に絞り出し、上部をフォークの背などで少し押して整える。白ゴマ、黒ゴマ、砕いたアーモンドなどをふりかけ、霧吹きで水を軽く全体にかけ、200℃のオーブンで焼く（約10分間）。

フロマージュブラン入りシュー

材料
A（目安の量）
- フロマージュブラン　100g
- 生クリーム　30g
- エシャロット（みじん切り）　少量
- シブレット（みじん切り）　少量
- セルフィーユ（みじん切り）　少量
- 塩、コショウ、レモン汁　各少量

白ゴマシュー（最後に白ゴマをふりかけて焼いたシュー。p.200参照）　適量
セロリの新芽　適量

1　Aの材料を混ぜ合わせる。
2　白ゴマシューの一部を切りとって1を入れ、セロリの新芽を飾る。

アボカドのムース入りシュー

材料
A（目安の量）
- アボカド（裏漉したもの）　120g
- 塩　ひとつまみ
- レモン汁　少量
- 生クリーム　40g

白ゴマシュー（最後に白ゴマをふりかけて焼いたシュー。p.200参照）　適量
トマト（小角切り）　適量

1　Aのアボカド、塩、レモン汁を混ぜ合わせ、七分立てにした生クリームを加え、混ぜ合わせる。
2　白ゴマシューを下から2/3のところで切り分け、1を入れ、トマトを飾り、切りはずしたシューを少しずらしてのせる。

かぼちゃのムース入りシュー

材料
かぼちゃのムース（下記参照。プレーンタイプ）　適量
黒ゴマシュー（最後に黒ゴマをふりかけて焼いたシュー。p.200参照）　適量
粉糖　適量

黒ゴマシューを下から2/3のところで切り分け、かぼちゃのムースを入れ、切りはずしたシューを少しずらしてのせ、粉糖をかける。

かぼちゃのムース
このままグリッシーニなどを添えて供してもよい。

プレーン

材料（作りやすい量）
カボチャ（正味）　250g
牛乳　30〜50g
生クリーム（乳脂肪分45％）　100g
レモン汁、塩、コショウ　各少量

1　カボチャは種をとって皮をむき、やわらかく蒸し上げる。
2　1を裏漉して、温めた牛乳を加えて混ぜ合わせる。冷蔵庫に入れて冷やしておく。
3　生クリームを半立てにし、2に加えて混ぜ合わせ、レモン汁、塩、コショウで味を調える。

＊甘みの強いカボチャで作らないとおいしくない。牛乳や生クリームの量はカボチャの質によって変わるので、ようすを見ながら加減する。

黒ごま入り
上記の作り方の最後に、黒ゴマ大さじ1を加えて合わせる。

パナード >

さつまいもとレーズンのパナード

パインとくるみのパナード

りんごとカマンベールのパナード

たことパプリカのパナード

スモークサーモンとほうれん草のパナード

ハムとからし菜のパナード

さつまいもとレーズンのパナード

パナード生地は、小麦粉、バターなどで
シュー生地と同様に作る生地。
一般的にはクネルなどのつなぎに使うが、
ここではいろいろな具を混ぜて油で揚げ、
簡単なおつまみに。

材料(2人分)
パナード生地(下記参照) 50g
干しブドウ 15g
サツマイモ(5mm角切り) 20g
塩、コショウ 各少量
揚げ油

パナード生地に塩、コショウをし、干しブドウとサツマイモを加えて混ぜ、一口大に摘みとり、150～160℃の油でキツネ色になるまで揚げる。

パナード生地

材料(作りやすい量)
牛乳 200g
バター 100g
小麦粉(ふるっておく) 120g
卵 200g
グラニュー糖、塩 各少量

鍋に牛乳とグラニュー糖、塩、バターを入れて沸かし、小麦粉を一気に加え、木ベラでよく混ぜ合わせて火からおろし、卵を少しずつ加えて混ぜ合わせる。

パインとくるみのパナード

材料(2人分)
パナード生地(左記参照) 50g
パイナップル(5mm角切り) 30g
クルミ(砕いたもの) 15g
揚げ油

パナード生地にパイナップルとクルミを加えて混ぜ、一口大に摘みとり、150～160℃の油でキツネ色になるまで揚げる。

りんごとカマンベールのパナード

材料(2人分)
パナード生地(左記参照) 50g
リンゴ(皮をむいて5mm角切り) 30g
カマンベール・チーズ(刻んだもの) 10g
松の実 6g
揚げ油

パナード生地にリンゴ、カマンベール・チーズ、松の実を加えて混ぜ、一口大に摘みとり、150～160℃の油でキツネ色になるまで揚げる。

たことパプリカのパナード

材料(2人分)
パナード生地(p.204参照) 50g
タコ(小さく切る) 25g
ミックス・チーズ 10g
赤パプリカ(ジャンボピーマン。みじん切り) 15g
玉ネギ(みじん切り) 5g
揚げ油

パナード生地にタコ、ミックス・チーズ、パプリカ、玉ネギを加えて混ぜ、一口大に摘みとり、150〜160℃の油でキツネ色になるまで揚げる。

スモークサーモンとほうれん草のパナード

材料(2人分)
パナード生地(p.204参照) 50g
スモークサーモン(みじん切り) 30g
ホウレン草(ゆでて刻んだもの) 15g
ゴーダ・チーズ(シュレッド) 10g
揚げ油

パナード生地にスモークサーモン、ホウレン草、ゴーダ・チーズを加えて混ぜ、一口大に摘みとり、150〜160℃の油でキツネ色になるまで揚げる。

ハムとからし菜のパナード

材料(2人分)
パナード生地(p.204参照) 50g
ハム(薄切り。5mm角切り) 15g
カラシ菜(ゆでてみじん切り) 15g
玉ネギ(みじん切り) 15g
塩、コショウ
揚げ油

パナード生地に塩、コショウをし、ハム、カラシ菜、玉ネギを加えて混ぜ、一口大に摘みとり、150〜160℃の油でキツネ色になるまで揚げる。

キッシュ ＞

サーモンのキッシュ

長ねぎ、いか、えびのキッシュ

ムール貝とほうれん草のキッシュ

和野菜のキッシュ

ピザ生地包み焼き >

トマトとモッツァレラの包みピザ

サーモンのキッシュ

材料（直径24cmのキッシュ型1台分）
練りパイ生地（p.234参照）　適量
アパレイユ
├ 生クリーム　200g
├ 牛乳　200g
├ 卵　4個
├ 塩　適量
└ 白コショウ　少量
　＊混ぜ合わせる
スモークサーモン（1cm幅の拍子木切り）　60g
玉ネギ（薄切りにし、サラダ油で軽くソテーしたもの）　20g
マッシュルーム（5mm幅の薄切りにし、サラダ油で軽くソテーしたもの）　3個分

1　型に練りパイ生地を敷き、スモークサーモン、玉ネギ、マッシュルームを入れ、アパレイユを流し込む。
2　1を180℃のオーブンに入れて40分ほど焼く。表面に焼き色がつき、パイの底が焼ければよい。粗熱がとれてから切り分ける。

長ねぎ、いか、えびのキッシュ

材料（直径24cmのキッシュ型1台分）
練りパイ生地（p.234参照）　適量
アパレイユ
├ 生クリーム　200g
├ 牛乳　200g
├ 卵　4個
├ 塩　適量
└ 白コショウ　少量
　＊混ぜ合わせる
長ネギ（5mm幅の斜め切りにし、軽くサラダ油でソテーする）　30g
イカ（1cm角切り）　50g
エビ（ゆでてぶつ切り）　2尾分

1　型に練りパイ生地を敷き、長ネギ、イカ、エビを入れ、アパレイユを流し込む。
2　1を180℃のオーブンに入れて40分ほど焼く。表面に焼き色がつき、パイの底が焼ければよい。粗熱がとれてから切り分ける。

ムール貝とほうれん草のキッシュ

材料（直径24cmのキッシュ型1台分）
練りパイ生地（p.234参照）　適量
アパレイユ
├ 生クリーム　200g
├ 牛乳　200g
├ 卵　4個
├ 塩　適量
└ 白コショウ　少量
　＊混ぜ合わせる
ムール貝　10個
ホウレン草（ブランシールして2cm長さに切り、水気を切ったもの）　40g
玉ネギ（5mm角切りにし、サラダ油で軽くソテーしたもの）　40g

1　型に練りパイ生地を敷く。
2　ムール貝を鍋に入れ、ふたをして蒸し焼きにし、殻が開いたら身をとり出す。
3　1に2のムール貝の身、ホウレン草、玉ネギを入れ、アパレイユを流し込む。
4　3を180℃のオーブンに入れて40分ほど焼く。表面に焼き色がつき、パイの底が焼ければよい。粗熱がとれてから切り分ける。

和野菜のキッシュ

材料（直径24cmのキッシュ型1台分）
練りパイ生地（p.234参照）　適量
アパレイユ
├ 生クリーム　200g
├ 牛乳　200g
├ 卵　4個
├ 塩　適量
└ 白コショウ　少量
　＊混ぜ合わせる
春菊（ブランシールして2cmに切り、水気を切ったもの）　60g
水菜（ブランシールして2cmに切り、水気を切ったもの）　60g
ベーコン（5mm角切り）　50g

1　型に練りパイ生地を敷き、春菊と水菜、ベーコンを入れ、アパレイユを流し込む。
2　1を180℃のオーブンに入れて40分ほど焼く。表面に焼き色がつき、パイの底が焼ければよい。粗熱がとれてから切り分ける。

トマトとモッツァレラの包みピザ

ナポリ風のピザ生地は、とてもおいしく、
しかも作り方が比較的簡単で、作りやすい。
この生地の食べ方として、
さまざまな具を包んで焼く方法を考えた。
高温で短時間で焼き上がるのもよい。

材料（1個分）
ナポリ風ピザ生地（右記参照） 100g
トマト（薄切り） 2枚
モッツァレラ・チーズ 25g
赤パプリカ（ジャンボピーマン。1cm角切り） 25g
黒オリーブ（半分に切る） 2個分
アンチョビ（フィレ） 1枚
塩、コショウ

1 ピザ生地を丸くのばす。
2 トマトとモッツァレラ・チーズに軽く塩、コショウで下味をつける。
3 1に2のトマト、モッツァレラ・チーズ、パプリカ、黒オリーブ、アンチョビをのせ、半月形に包み込み、250℃以上のオーブンで、焼き色がつくまで焼く（5～10分）。

＊オーブンの温度はできれば300℃以上の高温がよい（p.212～213の料理もすべて同じ）。

ナポリ風ピザ生地

材料（直径30cmの生地 約6枚分）
強力粉 250g
薄力粉 250g
生イースト 3g
E.V. オリーブ油 小さじ1
塩 8g
水（ぬるま湯） 320g

1 ボウルに生イースト、ぬるま湯100g、E.V.オリーブ油、塩を入れ、泡立て器でかき混ぜて溶かす。
2 強力粉、薄力粉を合わせて、別の大きなボウルにふるい入れ、1を加える。
3 2にぬるま湯を200g加え、手でもみ合わせて混ぜ、ある程度まとまってきたら、残りの水（20g）を調節しながら加えて更によく混ぜ、1つの塊にまとめる。
4 台の上に生地をとり出し、薄力粉（分量外）を少量ふり、5分ほどこねる。
5 こね終ったらきれいな球状に整え、発酵しやすいように包丁で十文字に切り目を入れる（深さ1cmほど）。
6 大きめのボウルに薄力粉（分量外）をふり、5の生地を入れ、水でぬらしたタオルを直接生地にかぶせて発酵させる。1時間半ほどおいて2倍くらいに膨らめばでき上がり。乾燥しないように使う直前までタオルをかけておく。

タンシチューの包みピザ

鶏肉のトマト煮込み包みピザ

帆立貝とサーモンの包みピザ

りんごとフォアグラの包みピザ

かぼちゃとフォアグラの包みピザ

チーズとセロリの包みピザ

タンシチューの包みピザ

材料（1個分）
ナポリ風ピザ生地（p.209参照）　100g
タンシチュー（下記参照）　約80g（牛タンと野菜合わせて）

ピザ生地を丸くのばし、タンシチュー（牛タンは2cm角切りにする）をのせ、半月形に包み込み、250℃以上のオーブンで焼き色がつくまで焼く（5〜10分）。

タンシチュー

材料
牛タン（塊）　500g
A
├ 玉ネギ（2cm角切り）　100g
├ ニンジン（2cm角切り）　50g
├ セロリ（2cm角切り）　50g
└ ニンニク（皮つき）　1片
赤ワイン　100g
デミ・グラス・ソース　500g
トマトソース（p.233参照）　200g
ローリエ　1枚
サラダ油、塩、コショウ

1 皮を除いた牛タンは、塩、コショウをし、サラダ油を少量ひいたフライパンで焼く。
2 鍋にサラダ油をひき、Aを入れてよく炒める。赤ワインでフランベし、デミ・グラス・ソースとトマトソースを加える。
3 2に1の牛タンとローリエを入れ、約2時間煮込む。

鶏肉のトマト煮込みの包みピザ

材料（1個分）
ナポリ風ピザ生地（p.209参照）　100g
鶏肉のトマト煮込み（下記参照）　鶏肉2切れ＋ソース
ソラ豆（塩ゆでし、薄皮を除いたもの）　2個
黒オリーブ（軽くつぶしたもの）　2個

1 ピザ生地を丸くのばす。
2 1に鶏肉のトマト煮込みをのせ、ソラ豆と黒オリーブをのせ、半月形に包み込み、250℃以上のオーブンで、焼き色がつくまで焼く（5〜10分）。

鶏肉のトマト煮込み

材料（作りやすい量）
鶏肉（3cm角切り）　500g
トマトソース（p.233参照）　500g
塩、コショウ、サラダ油

1 鶏肉に塩、コショウをし、サラダ油をひいたフライパンでソテーする。
2 鍋にトマトソースを入れて、1の鶏肉を入れ、30分煮込む。

帆立貝とサーモンの包みピザ

材料（1個分）
ナポリ風ピザ生地（p.209参照）　100g
ホタテ貝柱（1cm角切り）　1個分
生鮭（1cm角切り）　30g
バター　5g
長ネギ（斜め切り）　15g
ホウレン草（葉）　30g
白ワイン　10g
生クリーム　30g
パルミジャーノ・レッジャーノ・チーズ（すりおろし）
　15g
塩、コショウ　各少量

1　ピザ生地を丸くのばす。
2　鍋にバターを入れて火にかけ、長ネギを炒め、ホタテ貝柱と鮭を加える。白ワインを入れてフランベし、ホウレン草、生クリーム、パルミジャーノ・レッジャーノ・チーズを加え、水分を煮詰めて塩、コショウで味を調えて冷ます。
3　1に2をのせ、半月形に包み込み、250℃以上のオーブンで焼き色がつくまで焼く（5〜10分）。

りんごとフォアグラの包みピザ

材料（1個分）
ナポリ風ピザ生地（p.209参照）　100g
リンゴ（ふじ。8つ切りにして皮をむいたもの）
　2切れ
フォアグラのマリネ（p.25参照）　15g

1　ピザ生地を丸くのばす。
2　リンゴを器に入れてラップフィルムをかぶせ、電子レンジに1分間かけて冷ます。
3　1に2をのせ、フォアグラのマリネをのせ、半月形に包み込み、250℃以上のオーブンで焼き色がつくまで焼く（5〜10分）。

かぼちゃとフォアグラの包みピザ

材料（1個分）
ナポリ風ピザ生地（p.209参照）　100g
カボチャ（皮をとり除き、1cm角切りにして蒸したもの）　150g
フォアグラのマリネ（p.25参照）　30g
かぼちゃのムース（プレーン。p.201参照）　大さじ2

1　ピザ生地を丸くのばす。
2　1に蒸したカボチャをのせ、フォアグラのマリネをのせ、かぼちゃのムースをかけ、丸形に包み込み、250℃以上のオーブンで焼き色がつくまで焼く（5〜10分）。

チーズとセロリの包みピザ

材料（1個分）
ナポリ風ピザ生地（p.209参照）　100g
ボーフォール・チーズ　50g
セロリ（薄切り）　15g

ピザ生地を丸くのばし、チーズとセロリをのせ、半月形に包み込み、250℃以上のオーブンで、焼き色がつくまで焼く（5〜10分）。

餃子、ワンタン、春巻き >

鶏肉と筍の蒸し餃子

鶏レバーと栗の蒸し餃子

鶏肉とえび、貝の蒸し餃子

いかと青菜の蒸し餃子

鴨の揚げ餃子

鶏肉と筍の蒸し餃子

材料（6～8個分）
A
- 鶏モモ粗挽き肉　100g
- タケノコ（ゆでてみじん切り）　30g
- シメジ（さっとソテーしてみじん切り）　25g
- 長ネギ（みじん切り）　5g
- パルメザン・チーズ（すりおろし）　5g
- 塩、コショウ　各少量
- 水　20g

ギョウザの皮　6～8枚

1　Aの材料をボウルに入れ、よく混ぜ合わせる。
2　ギョウザの皮の中央に、1を大さじ1強ずつのせ、4つ角を合わせて包む。
3　蒸し器で蒸す（約5～8分）。

鶏レバーと栗の蒸し餃子

材料（2個分）
鶏白レバー　100g
生クリーム　50g
塩　少量
鶏粗挽き肉　50g
むき栗　2個
ギョウザの皮　2枚
＊鶏レバーと生クリームは、フードプロセッサーにかけやすい最低量

1　鶏白レバー、生クリーム、塩をフードプロセッサーにかけて、ムース状にする。
2　1を30gと鶏粗挽き肉を混ぜ合わせる。2枚のギョウザの皮の中央に1/2量ずつのせ、むき栗をのせて4つ角を合わせて包む。
3　蒸し器で蒸す（約5～8分）。

鶏肉とえび、貝の蒸し餃子

材料（2個分）

A
- 鶏肉　60g
- 牛乳　25g
- 卵白　1/2個分
- 塩、コショウ　各少量

B
- 小柱　12g
- むきエビ（みじん切り）　12g
- レモンの皮（すりおろし）　少量
- E.V. オリーブ油　大さじ1

ギョウザの皮　4枚

1　Aの材料をフードプロセッサーにかけてムース状にする。
2　1にBの材料を混ぜ合わせる。
3　ギョウザの皮1枚の中央に2を1/2量のせ、もう1枚の皮をかぶせ、まわりをしっかりとめる。同様にもう1つ作る。蒸し器で蒸す（約5〜8分）。

いかと青菜の蒸し餃子

材料（4個分）

A
- イカ　20g
- ブイヨン（p.231参照）　30g
- ご飯　50g
- 水菜（ゆでて粗みじん切り）　40g
- カラシ菜（ゆでて粗みじん切り）　40g
- スタッフド・オリーブ（みじん切り）　3個分
- パルメザン・チーズ（すりおろし）　少量
- 塩、コショウ　各少量

ギョウザの皮　4枚

1　Aの材料をボウルに入れて、よく混ぜ合わせる。
2　それぞれのギョウザの皮の中央に1をのせ、筒状に包み、蒸し器で蒸す（約5〜8分）。

鴨の揚げ餃子

材料（3個分）

A
- 鴨胸粗挽き肉　100g
- パイナップル（5mm角切り）　30g
- 玉ネギ（みじん切り）　15g
- 塩、コショウ　各少量

ギョウザの皮　3枚
揚げ油

1　Aの材料をボウルに入れて、よく混ぜ合わせる。
2　それぞれのギョウザの皮の中央に1をのせて半月形に包み、まわりをしっかりとめ、160℃の油で揚げる。

牛肉と玉ねぎのコンフィの焼き餃子　　　豚肉の煮込みとりんごの焼き餃子

鶏レバーとチーズ、りんごのワンタン

白身魚とそら豆のワンタン

魚介のワンタン

牛肉と玉ねぎのコンフィの焼き餃子

材料(2個分)
A
├ 牛粗挽き肉　50g
├ 玉ネギのコンフィ(下記参照)　30g
├ モッツァレラ・チーズ(切ったもの)　15g
├ ニンニク(みじん切り)　小さじ1/2
└ 塩、粗挽き黒コショウ　各少量
ギョウザの皮　4枚
サラダ油

1　Aの材料をボウルに入れて、よく混ぜ合わせる。
2　ギョウザの皮1枚の中央に1を1/2量のせ、もう1枚の皮をかぶせ、まわりをしっかりとめる。同様にもう1つ作る。
3　フライパンにサラダ油を薄くひき、2を入れて、弱火で両面をこんがりと焼く。

玉ネギのコンフィ

材料
玉ネギ(縦に薄切り)、バター、オリーブ油、
　グラニュー糖、塩　各適量

玉ネギはバターとオリーブ油でソテーし、色がつきはじめたらグラニュー糖と少量の塩をふる。更にグラニュー糖を2、3回ふり入れながらカラメリゼする。

豚肉の煮込みとりんごの焼き餃子

材料(2個分)
豚バラ肉の角煮(下記参照)　80g
リンゴ(せん切り)　20g
松の実　少量
ギョウザの皮　4枚
サラダ油

1　豚バラ肉の角煮を細かく刻み、リンゴ、松の実を合わせる。
2　ギョウザの皮1枚の中央に1を1/2量のせ、もう1枚の皮をかぶせ、まわりをしっかりとめる。同様にもう1つ作る。
3　フライパンにサラダ油を薄くひき、2を入れて、弱火で両面をこんがりと焼く。

豚バラ肉の角煮

材料(作りやすい量)
豚バラ肉(塊)　500g
ジュ・ド・ヴォライユ(p.232参照)　500g
塩、コショウ、サラダ油

1　豚バラ肉に塩、コショウをし、サラダ油を少量ひいた鍋に入れて焼き色をつける。
2　1にジュ・ド・ヴォライユを加えて約1時間半煮込む。

鶏レバーとチーズ、りんごのワンタン

材料（5個分）
A
├ 鶏レバー　100g
├ ミックス・チーズ　30g
├ リンゴ（5mm角切り）　50g
├ 生クリーム　大さじ1
└ 塩、コショウ　各少量
ワンタンの皮　5枚
グリーンソース（p.165参照）　適量

1　鶏レバーの半量を5mm角に切り、残りはみじん切りにする。
2　1と残りのAの材料をすべて混ぜ合わせ、それぞれのワンタンの皮にのせ、対角線で半分に折って包む。
3　2を蒸し器で蒸し（約5分）、器に盛る。グリーンソースをかける。

白身魚とそら豆のワンタン

材料（4個分）
A
├ 白身魚　80g
├ 牛乳　80g
├ 卵白　1個分
└ 塩、コショウ　各少量
ソラ豆（塩ゆでし、薄皮を除いたもの）　4個
ワンタンの皮　4枚
トマトソース（p.233参照）　適量

1　Aの材料をフードプロセッサーにかける。
2　それぞれのワンタンの皮に1の具をのせて、ソラ豆をのせ、対角線で半分に折って包み、たっぷりの湯でゆでる（約5分）。
3　トマトソースをミキサーにかけてソースとし、ワンタンに添える。

魚介のワンタン

材料（3個分）
A
├ ご飯（水でさらしたもの）　25g
├ 小柱　20g
├ むきエビ（みじん切り）　30g
├ パルメザン・チーズ（すりおろし）　少量
└ 塩、コショウ　各少量
ワンタンの皮　3枚

1　Aの材料をボウルに入れて、混ぜ合わせる。
2　それぞれのワンタンの皮に1の具をのせ、対角線で半分に折って包み、たっぷりの湯でゆでる（約5分）。

まぐろとアボカドの生春巻き

スモークサーモンの生春巻き

えびのすり身とれんこんの
揚げ春巻き

鶏の赤ワインローストとパイナップルの
揚げ春巻き

じゃがいもとチーズの揚げ春巻き

まぐろとアボカドの生春巻き

材料（1個分）
レタス（大） 1枚
マグロ（赤身） 40g
アボカド 1/2個
長ネギ（せん切り） 適量
ライスペーパー 1枚

1 ライスペーパーを乾いたタオルの上にのせ、霧吹きで水をかけ、やわらかく戻す。
2 1の上にレタスを敷き、マグロ、アボカド、長ネギをのせ、筒状に巻く。切り分けて器に盛り、ナンプラーソース（p.235）など好みのソースを添える。

スモークサーモンの生春巻き

材料（1個分）
レタス（大） 1枚
スモークサーモン 2枚
パルメザン・チーズ（塊） 適量
ライスペーパー 1枚
ナンプラーソース（p.235参照） 適量

1 ライスペーパーを乾いたタオルの上にのせ、霧吹きで水をかけ、やわらかく戻す。
2 1の上にレタスを敷き、スモークサーモン、パルメザン・チーズを削ったものをのせ、筒状に巻く。切り分けて器に盛り、ナンプラーソースを添える。

えびのすり身とれんこんの揚げ春巻き

材料（1個分）
むきエビ　100g
卵白　1個分
塩、コショウ　各少量
レンコン（薄切り）　5〜6枚
ライスペーパー　1枚
揚げ油

1　ライスペーパーを乾いたタオルの上にのせ、霧吹きで水をかけ、やわらかく戻す。
2　むきエビ、卵白、塩、コショウをフードプロセッサーにかけてすり身にする。
3　1の手前に2をのせてひと巻きし、表になる面にレンコンをのせ、巻き上げる。
4　150℃の油で色よく揚げる。

鶏の赤ワインローストとパイナップルの揚げ春巻き

材料（1個分）
鶏モモ肉　適量（マリネしたもの80gを使用する）
マリネ液
├ 赤ワイン　360g
├ ハチミツ　50〜60g
├ ニンニク（薄切り）　10g
├ ショウガ（薄切り）　20g
├ ローリエ　1枚
└ 塩、コショウ
　＊合わせる
レタス　1枚
パイナップル（棒状）　約30g
ライスペーパー　1枚
揚げ油

1　鶏モモ肉を、マリネ液に半日ほど漬け込む。
2　1の汁気を切り、180℃のオーブンでローストし、1cm角の棒状に切る（80g使用する）。
3　ライスペーパーを乾いたタオルの上にのせ、霧吹きで水をかけ、やわらかく戻す。
4　3の上にレタスを敷き、パイナップルと2をのせて巻く。
5　150℃の油で色よく揚げる。

じゃがいもとチーズの揚げ春巻き

材料（2個分）
ジャガイモ（ゆでたもの）　1個
チェダー・チーズ（薄切り）　2枚
ライスペーパー　2枚
揚げ油

1　ライスペーパーを乾いたタオルの上にのせ、霧吹きで水をかけ、やわらかく戻す。
2　ジャガイモは皮をむき、縦に1cm厚さに切る。チーズはそれぞれ半分に切る。
3　1の手前に2のジャガイモを1枚ずつおき、チーズをのせて巻く。
4　150℃の油で色よく揚げる。

アイスクリーム ＞

白いんげん豆のアイスクリーム

とうもろこしのアイスクリーム

そら豆のアイスクリーム

トマトのシャーベット

さつまいものアイスクリーム

白いんげん豆のアイスクリーム

甘くないアイスクリームは、
酒の合間の口直しにぴったり。
素材の風味を生かして作りたい。

材料（作りやすい量）
白インゲン豆（ゆでたもの）　200g
パイナップル（軽くシロップで煮たもの）　100g
牛乳　150g
生クリーム　90g
生ハム、岩塩、ミニョネット、オリーブ油　各適量

1　白インゲン豆、パイナップル、牛乳をミキサーにかける。
2　1に生クリームを加え、アイスクリーマーにかける。
3　2を器に盛り、生ハムをのせ、岩塩、ミニョネット、オリーブ油をかける。

とうもろこしのアイスクリーム

材料（作りやすい量）
トウモロコシ＊　380g
＊とりたてを蒸して、実を削りとったもの
軽いブイヨン（p.231参照）　260g
牛乳　約400g
生クリーム　70g
塩　適量
コショウ、レモン汁　各少量
シロップ（砂糖1：水1）　10〜20g
ハチミツ　適量

1　トウモロコシと軽いブイヨンを合わせてミキサーにかけ、牛乳、塩、コショウを加えて裏漉し、生クリームを加え、レモン汁、シロップで味を調え、アイスクリーマーにかける。
2　1を器に盛り、ハチミツをかける。

そら豆のアイスクリーム

材料（作りやすい量）
ソラ豆　500g
牛乳　350g
生クリーム　150g
砂糖　100g

1　ソラ豆をゆでて、冷水で冷やし、薄皮をとり除く。
2　1と牛乳、砂糖を入れてミキサーにかける。
3　2に生クリームを加え、裏漉して、アイスクリーマーにかける。

トマトのシャーベット

材料（作りやすい量）
トマト　500g
水　100g
塩　適量
レモン汁　少量

1　トマトは皮を湯むきして、細かく刻み、裏漉しする。
2　1に他の材料を加え、アイスクリーマーにかける。

さつまいものアイスクリーム

材料（作りやすい量）
サツマイモ（蒸したもの）　250g
バナナ（皮をむいたもの）　50g
水　240g
牛乳　240g
塩　少量
レモン汁　12g
シロップ（砂糖1：水1）　少量
ライ麦パン（カレンズ入り）　適量

1　蒸したサツマイモは皮をむく。
2　1とバナナ、水、牛乳、塩をミキサーにかける。レモン汁、シロップで味を調え、アイスクリーマーにかける。
3　2を器に盛り、薄切りにして軽くトーストしたカレンズ入りパンを添える。

＊サツマイモの種類や状態により、水分の量や甘みを調整する。

basic recipes

基本のだし

ブイヨン（フォン・ド・ヴォライユ）

材料
鶏ガラ（特別肥育鶏） 10kg
水 35kg
A
├ 玉ネギ（切り込みを入れる） 3kg
├ ニンジン（切り込みを入れる） 1.5kg
└ セロリ 350g
トマト 2個
ニンニク（皮つき。半分に切る） 150g
ブーケ・ガルニ（ポワロー、パセリの茎、ローリエ、
　タイム） 1束

1 鶏ガラを水洗いしながらドリ、脂、内臓、背肝などをとり除く。
2 鍋に水と1のガラを入れ、強火にかける。
3 沸騰したらアクをすくい、Aの野菜を加え、再び沸騰させてエキュメする。
4 沸点を保つ程度の火力に調整し、トマト、ニンニク、ブーケ・ガルニを加える。
5 表面が微笑む程度の火力を保ちながら（沸点を保つ）、ときどきアクと脂をとり除く。
6 沸騰後3時間30分を目安に味を確認し、シノワ（ガーゼ）でパッセする。
7 6を再び沸騰させて、アクと脂をとり除いて仕上げる。

グラス・ド・ヴォライユ

材料
鶏ガラ（特別肥育鶏） 10kg
水 22kg
玉ネギ 2.5kg
ニンジン 1kg
セロリ 250g
ニンニク（皮つき。半分に切る） 70g
サラダ油 100g

1 鶏ガラを水洗いしながらドリ、脂、内臓、背肝などをとり除く。
2 やや強火のオーブンで、1にきれいに焼き色をつける（スチーム・コンベクションの場合は250℃）。
3 野菜は3cmくらいの角切りに切り揃え、サラダ油できれいに焼き色をつけるように炒める。
4 鍋に水と2のガラを入れ、強火にかける。
5 沸騰したらアクをすくい（エキュメ）、3の炒めた野菜とニンニクを加え、再び沸騰させてエキュメする。
6 表面が微笑む程度の火力を保ちながら（沸点を保つ）、ときどきアクと脂をとり除く。
7 沸騰後2時間30分～3時間を目安に味を確認し、シノワでパッセする。
8 7を再び沸騰させて、沸点を保ちながら弱火で味、濃度が調うまで煮詰め、ときどきアクと脂をとり除く。
9 味と濃度を確認し、ゼリー状になっていればパッソワーを通して仕上げる。

ジュ・ド・ヴォライユ

材料
鶏ガラ（特別肥育鶏） 10kg
水 22kg
玉ネギ 2.5kg
ニンジン（切り込みを入れる） 1kg
セロリ（先の、細く葉のついたところを使用する） 250g
ニンニク（皮つき。半分に切る） 70g
トマトペースト 130g
サラダ油 100g

1 鶏ガラを水洗いしながらドリ、脂、内臓、背肝などをとり除く。
2 やや強火のオーブンで、1にきれいに焼き色をつける（スチーム・コンベクションの場合は250℃）。
3 野菜は3cmくらいの角切りに切り揃え、サラダ油できれいに焼き色をつけるように炒める。
4 鍋に水と2のガラを入れ、強火にかける。
5 沸騰したらアクをすくい（エキュメ）、3の炒めた野菜とニンニクを加え、再び沸騰させてエキュメする。
6 トマトペーストを加え、表面が微笑む程度の火力を保ちながら（沸点を保つ）、ときどきアクと脂をとり除く。
7 沸騰後2時間30分〜3時間を目安に味を確認し、シノワでパッセする。
8 7を再び沸騰させて、沸点を保ちながら弱火で味、濃度が調うまで煮詰め、ときどきアクと脂をとり除く。
9 味と濃度がよければ、パッソワーを通して仕上げる。

コンソメ

コンソメ・ド・ヴォライユ

材料
鶏モモ肉 3.4kg（下処理前4kg）
ポワロー（または長ネギ） 270g（長ネギの場合は200g）
玉ネギ 400g
ニンジン 270g
セロリ 70g
トマト 130g
白粒コショウ 30粒
ニンニク 小1片
ローリエ 2枚
卵白 480g
フォン・ド・ヴォライユ（p.231参照） 10kg
水 3kg
塩 20g

1 ポワロー、玉ネギ、ニンジン、セロリはブリュノワーズに切り揃える。
2 鶏モモ肉は皮をとり除き、ミンチ機にかけて粗挽き状態にする。
3 鍋に1の野菜と軽くつぶしたトマト、白コショウ、ニンニク、ローリエを入れて卵白を加え、泡が立つほど混ぜ合わせる（鍋を水でぬらしておくと、鍋底があたりにくくなる）。
4 2の肉に塩を加えて混ぜ、3の鍋に入れてなじませる。
5 4にフォン・ド・ヴォライユを1/3量ほど加えて一度なじませ、残りを加え、水も加える。
6 5を強火にかけて鍋底があたらないように意識しながらスパテラで静かにゆっくりと混ぜる。
7 ときどき指を入れ、指が入れられないほど熱くなってきたら、混ぜるのをやめる。
8 材料が浮き上がり、沸点近くなったら、火を弱めてレードルでまん中に丸く穴を開ける。
9 穴の表面がコトコトと微笑む程度の火加減に調整する（一度静かに鍋底をスパテラで確認するとよい）。
10 2時間30分程度コトコト状態で加熱し、味を引き出す（時間が経つにつれ、コンソメも澄んでくる）。
11 味を確認後火を止めて、固まった肉を崩さないように丁寧にコンソメだけをレードルですくい、ネル地で漉していく。
12 11を再度沸騰させて脂をとり除き、コンソメに仕上げる。

基本のソース他

コンソメ・ド・ブフ

材料
牛スネ肉　6kg（下処理前9kg）
ポワロー（または長ネギ）　900g（長ネギの場合は450g）
玉ネギ　700g
ニンジン　600g
セロリ　150g
トマト　300g
白粒コショウ　適量
ローリエ　1～2枚
卵白　700～800g
フォン・ド・ヴォライユ（p.231参照）　25kg

作り方はコンソメ・ド・ヴォライユ（p.232）と同様。

トマトソース

材料
オリーブ油　250g
ニンニク（みじん切り）　25g
玉ネギ（みじん切り）　800g
トマトホール　7.56kg（2.52kg×3缶）
水　1kg
ブーケ・ガルニ（ポワロー、パセリの茎、ローリエ、タイム）　1束
塩　100g

1　オリーブ油を熱し、ニンニクを入れて香りを出し、玉ネギを加え、ほんの少し茶色に色づくまで加熱する。
2　1にトマトホールと水を加え、沸騰するまでスパテラでこまめにかき混ぜる。沸騰したらアクをすくい、ブーケ・ガルニを加える。
3　沸点を保ちながら、弱火で2時間加熱する（鍋底があたりやすいためときどきかき混ぜる）。
4　塩を加え、味（塩味、酸味、甘み）を確認する。

フレンチドレッシング

材料
サラダ油　200g
玉ネギ（すりおろし）　30g
ニンニク（すりおろし）　少量
マスタード粉　小さじ山盛り1
酢　60g
塩　小さじ1（好みで）
コショウ　少量

ボウルに玉ネギ、ニンニク、マスタード粉、酢、塩、コショウを入れて、泡立て器で混ぜ合わせる。ボウルの端からサラダ油を少しずつ加えながら、全体をよく混ぜ合わせる。

ベシャメルソース

材料
バター　50g
小麦粉（薄力粉）　50g
牛乳　700g
塩、コショウ

1　鍋にバターを入れて火にかける。
2　1に小麦粉を入れ、弱火でよく炒める。
3　2に牛乳を少しずつ、4、5回に分けて加えながら、よく混ぜ合わせる。
4　沸騰したら濃度をみて、必要に応じて牛乳を加え、塩、コショウで味を調える。

バジルペースト

材料
バジル　60g
イタリアンパセリ　20g
オリーブ油　200g
レモン汁　1/4個分
塩、コショウ　各少量

バジル、イタリアンパセリに少量のオリーブ油と水30〜40gを加えてミキサーにかけ、更に残りのオリーブ油、レモン汁、塩、コショウを加えてペースト状になるまでかくはんする。

練りパイ生地

材料（直径15cmのタルト型3台分）
小麦粉　125g
バター　100g
塩　3g
グラニュー糖（なくても可）　20g
卵黄　1個

1　すべての材料はあらかじめよく冷やしておく。
2　小麦粉はふるう。
3　2に塩、グラニュー糖、5mm角に切ったバターを加え、もみ合わせるように混ぜ、粉状にする。
4　3の中央にくぼみを作り、卵黄を入れ、手早く合わせる（あまり練らない）。生地を平らな丸い形に整え、ラップフィルムで包み、冷蔵庫で1時間以上休ませる。

ソース（オイル、ヴィネガー系）

レモンオイル　黒コショウ風味

材料（目安の量）
E.V. オリーブ油　20g
レモン汁　20g
塩　2g
粗挽き黒コショウ　少量

使う直前によく混ぜ合わせる。

柑橘オイル

材料（目安の量）
オレンジジュース（絞り汁）　40g
グレープフルーツジュース（絞り汁）　10g
塩　2g
サラダ油　30g
砂糖（必要なら）　2g

使う直前によく混ぜ合わせる。

グラスオイル

材料（目安の量）
グラス・ド・ヴォライユ（p.231参照）　15g
水　15g
E.V. オリーブ油　30g
塩　2g
赤ワインヴィネガー　2g

混ぜ合わせる。

バルサミコオイル

材料（目安の量）
バルサミコ酢　20g
E.V. オリーブ油　20g
塩　2g

使う直前によく混ぜ合わせる。

赤ワインヴィネガーオイル

材料（目安の量）
赤ワインヴィネガー　30g
E.V. オリーブ油　30g
塩　3g

使う直前によく混ぜ合わせる。

＊ヴィネガーと油は1：1になっているが、合わせるものによって味が強くなりすぎる場合は、水やブイヨンで少しのばすか、油を少し増やすとよい。

ナンプラーソース

材料（目安の量）
水　50g
ナンプラー　50g
砂糖　5g
リンゴ酢　15g
ニンニク（みじん切り）　小さじ1/2
赤トウガラシ（輪切り）　1/2本分

合わせて沸かし、冷ましておく。

ピリ辛トマトソース（基本）

材料（目安の量）
トマト（皮を湯むきして小角切り） 120g
赤ピーマン（小角切り） 20g
緑ピーマン（小角切り） 10g
玉ネギ（粗みじん切り） 40g
塩 6g
粗挽き黒コショウ 小さじ1/3
オリーブ油 40g
赤ワインヴィネガー 15g
タバスコ 4、5ふり

よく混ぜ合わせる。

ピリ辛青トマトソース

材料（目安の量）
青トマト（皮を湯むきして小角切り） 120g
キュウリ（小角切り） 10g
セロリ（小角切り） 10g
玉ネギ（粗みじん切り） 10g
青トウガラシ（みじん切り） 10g
ニンニク（みじん切り） 小さじ1/2
白コショウ 少量
オリーブ油 40g
白ワインヴィネガー 20g
塩 4〜6g
タバスコ（ハラペーニョ） 3、4ふり

よく混ぜ合わせる。

ヴィネグレットソース（基本）

材料（目安の量）
マスタード 15g
赤ワインヴィネガー 12g
サラダ油 90g
塩 2〜3g
コショウ 少量
ニンニク（みじん切り） 少量

混ぜ合わせる。

ソース（マヨネーズ系）

ハーブマヨネーズ

材料（目安の量）
マヨネーズ　30g
生クリーム　10g
好みのハーブ（みじん切り）　適量
塩　少量

混ぜ合わせる。

ほうれん草マヨネーズ

材料（目安の量）
マヨネーズ　50g
生クリーム　20g
ホウレン草のピュレ（ゆでてピュレにしたもの）　10g
塩　少量

混ぜ合わせる。

青のりマヨネーズ　わさび風味

材料（目安の量）
マヨネーズ　50g
おろしワサビ　2～3g
青ノリ（生）*　10g
＊乾燥品でも可
塩　少量
ショウユ　1滴

混ぜ合わせる。

ピリ辛トマトマヨネーズ（基本）

材料（目安の量）
マヨネーズ　60g
ピリ辛トマトソース（p.236参照）　30g
塩　2g

混ぜ合わせる。

アンチョビマヨネーズ

材料（目安の量）
マヨネーズ　30g
生クリーム　15g
アンチョビ　5g
アンチョビオイル（缶汁）　5g

混ぜ合わせる。

マスタードマヨネーズ　はちみつ風味

材料（目安の量）
マヨネーズ　50g
ハチミツ　10g
粒マスタード　10g
生クリーム　10g

混ぜ合わせる。

カレーマヨネーズ

材料（目安の量）
マヨネーズ　50g
カレー粉　小さじ1/2
パイナップルジュース　20g
塩　2g

混ぜ合わせる。

カクテルソース

材料（目安の量）
マヨネーズ　30g
トマトケチャップ　20g
生クリーム　10g
パプリカ（粉）　適量

混ぜ合わせる。

サフランマヨネーズ

材料（目安の量）
マヨネーズ　30g
生クリーム　10g
サフラン　適量
塩　少量

サフランを刻み、生クリームに混ぜ入れ、香りと色がよく出たら、マヨネーズと混ぜ合わせ、塩で味を調える。

いか墨マヨネーズ

材料（目安の量）
マヨネーズ　30g
イカ墨　4g
生クリーム　10g
塩　2g

混ぜ合わせる。

塩

黒コショウ岩塩

材料
岩塩、粗挽き黒コショウ　各適量

混ぜ合わせる。

ニンニクチップ岩塩

材料
岩塩、ニンニク（薄切り）　各適量
揚げ油

ニンニクを油で揚げ、冷めてから砕いて、岩塩に混ぜる。

燻製岩塩

材料
岩塩　適量
（燻製チップ。またはウッド）

岩塩を天板に広げ、燻製チップで2時間いぶす。

＊ウッド（サクラチップの粉を固めたもの）を使う場合は、ウッドに直接火をつけ、煙が出てきたら深い鍋に入れ、金網を敷き、岩塩を広げた天板をのせ、煙が逃げないようなふたをかぶせる。

レモン風味岩塩

材料
岩塩、レモンの皮（みじん切り。またはおろし金ですりおろしたもの）　各適量

混ぜ合わせる。

ハーブ風味岩塩

材料
岩塩、タイム（ドライ）、オレガノ（ドライ）、ローズマリー（ドライ）　各適量

混ぜ合わせる。

index

■ 野菜、穀類、キノコ、果物、
およびその加工品

アボカド
アボカドと小えびのテリーヌ 39
アボカドのカナッペ 175
アボカドのムース入りシュー 199
まぐろとアボカドの生春巻き 222

アンズ
豚肉とあんずの重ね焼き 135

イチゴ
いちごとオレンジのスープ 171

ウド
帆立貝とうどときゅうりのマリネ 95

エリンギ
エリンギとしいたけのピンチョス 191
エリンギのグリエ 46
エリンギのソテー 46
エリンギのマリネ 赤ワインヴィネガー風味 46
長ねぎと鴨肉、エリンギのピンチョス 195

オリーブ
オリーブマリネ3種 35
生ハムとオリーブ、パルミジャーノ 138

オレンジ（ジュース）
いちごとオレンジのスープ 171
パプリカとオレンジのスープ 171

カブ
かぶのスープ 166

カボチャ
かぼちゃとフォアグラの包みピザ 211
かぼちゃのムース入りシュー 199

カラシ菜
いかと青菜の蒸し餃子 215

カリフラワー
揚げカリフラワー 31
揚げカリフラワー アンチョビ風味 31
鴨の燻製とカリフラワーのピクルスのピンチョス 187
カリフラワーとツナのブランダード 14
カリフラワーのスープ 166
ゆでカリフラワー パン粉、チーズがけ 31

キノコ各種
きのこおじや 54
きのこのギリシャ風マリネ 47

キャベツ
小えびと春キャベツのブランダード 14
鯛の燻製のキャベツ包み 34
鶏肉ときのこのキャベツ包み 34

キュウリ
いわしとトマトときゅうりのマリネ 86
きゅうりとゴルゴンゾーラ 158
トマトとかにのサラダ 19
生ハムとピクルスのカナッペ 178
帆立貝とうどときゅうりのマリネ 95
ローストビーフとピクルスのカナッペ 178

グリーンアスパラガス
グリーンアスパラガスとカマンベールのピンチョス 186
グリーンアスパラガスと小えびのソテー 27
グリーンアスパラガスとベーコンのソテー 27
グリーンアスパラガスの黄身和え はちみつ風味 27
生ハムとアスパラガスのピンチョス 187
ベーコンとアスパラガスのピンチョス 194

グリーンピース
グリーンピースとパイナップルのスープ 170
りんごとグリーンピースのスープ 170

米
いかと青菜の蒸し餃子 215
いか墨のリゾット いか包み トマトソース 51
いか墨のリゾット パプリカトマトソース 50
きのこおじや 54
魚介の洋風おじや 54
魚介のワンタン 219
サフランリゾット いか包み あさりソース 51
サフランリゾット マッシュルームクリームソース 50
ベシャメル入り野菜コロッケ 183
リゾット いか包み しいたけクリームソース 51
リゾット サーモンクリームソース 50

コルニッション
いわしのマリネ 82
ハムとコルニッションのピンチョス 187
ローストビーフとコルニッションのピンチョス 187

サツマイモ
さつまいもと鴨肉のピンチョス 194
さつまいもとバナナのスープ 167
さつまいもとレーズンのパナード 202

さつまいものアイスクリーム 227
さつまいものコロッケ 183

シイタケ
エリンギとしいたけのピンチョス 191
サーモンとしいたけのブランダード 14
しいたけと帆立貝のピンチョス 191
ねぎとしいたけのスープ 166
丸ごとしいたけの鶏肉詰め 47

シシトウガラシ
いかとししとうと長ねぎのピクルス 26
ソーセージとししとうのピンチョス 195

ジャガイモ
揚げいものアンチョビ風味 15
揚げいものトマトソース風味 15
いか、アンチョビ、春菊、水菜のブランダード 14
かにとパプリカのブランダード 14
カリフラワーとツナのブランダード 14
小えび入りマッシュポテト 10
小えびと春キャベツのブランダード 14
サーモン入りマッシュポテト 11
サーモンとしいたけのブランダード 14
じゃがいもとチーズの揚げ春巻き 223
じゃがいも、フォアグラ、モッツァレラ・チーズのミルフィーユ仕立て 15
鯛燻製入りマッシュポテト 11
鯛の燻製入りポムピューレ 78
ハムと菜の花のブランダード 14
ベーコンと揚げじゃがいものピンチョス 194
マッシュポテトのコロッケ 183
蒸しいものゴルゴンゾーラ風味 15
ローストビーフと揚げじゃがいものピンチョス 191

春菊
鯛の燻製 春菊のブレゼ添え 79
和野菜のキッシュ 206

白インゲン豆
白いんげん豆といかのサラダ 43
白いんげん豆とパイナップルのスープ 167
白いんげん豆と野菜の煮込み 43
白いんげん豆のアイスクリーム 226
白いんげん豆のトマト煮 43

セロリ
セロリとフロマージュブランのスティック 158
チーズとセロリの包みピザ 211
チェダー・チーズとセロリのカナッペ 182
トマトとかにのサラダ 19

ソラ豆
　白身魚とそら豆のワンタン　219
　そら豆のアイスクリーム　226
　ほっき貝とセロリとそら豆のマリネ　110

大根
　サーモンのマリネ 大根巻き　66
　鶏肉とピクルスのピンチョス　187

玉ネギ
　いわしと玉ねぎのピクルスのピンチョス　186
　牛肉と玉ねぎのコンフィの焼き餃子　218
　新玉ねぎのスープ　162
　ベシャメル入り野菜コロッケ　183

トウモロコシ
　とうもろこしのアイスクリーム　226

トマト
　いわしとトマトときゅうりのマリネ　86
　いわしのマリネ パプリカ風味　86
　カプレーゼ　19
　白いんげん豆のトマト煮　43
　トマトと赤玉ねぎのサラダ　19
　トマトと貝のファルシ　19
　トマトとかにのサラダ　19
　トマトとモッツァレラ　159
　トマトとモッツァレラのカナッペ　182
　トマトとモッツァレラの包みピザ　207
　トマトとモッツァレラの冷製スパゲッティ　58
　トマトのガスパチョ　171
　トマトのシャーベット　226
　トマトのスープ　171
　トマトのロースト　18
　鶏肉のティエド プロヴァンス風マリネ　130

長ネギ（小ネギを含む）
　あおやぎとねぎのヴィネガー風味　110
　いかとししとうと長ねぎのピクルス　26
　いわしと長ねぎのマリネ　86
　牛たんと長ねぎのピンチョス　194
　長ねぎ、いか、えびのキッシュ　206
　長ねぎと鴨肉、エリンギのピンチョス　195
　長ねぎとなすのマリネ　26
　ねぎとしいたけのスープ　166
　ねぎ、まぐろ、フォアグラの重ね焼き　70

ナス
　揚げなすのアンチョビソースがけ　22
　揚げなすのカナッペ　175
　揚げなすのツナマヨネーズソース　23
　揚げなすのピリ辛トマトソース　22
　揚げなすのフォアグラ詰め　23
　揚げなすのモッツァレラ風味　22
　穴子となすのフォアグラ風味　91
　長ねぎとなすのマリネ　26
　なすのオーブン焼き　23

菜の花
　ハムと菜の花のブランダード　14

パイナップル
　グリーンピースとパイナップルのスープ　170
　仔羊肉とパイナップルの重ね焼き　143
　白いんげん豆とパイナップルのスープ　167
　鶏の赤ワインローストとパイナップルの揚げ春巻き　223
　パインとくるみのパナード　202

白菜
　豚ばら角煮の白菜蒸し　34

パスタ
　カネロニ 挽き肉ソース　55
　カネロニ ポルチーニクリーム　55
　魚介の冷製 カネロニ詰め　58
　魚介の冷製スパゲッティ　58
　トマトとモッツァレラの冷製スパゲッティ　58
　まぐろの冷製 カネロニ詰め　59
　冷製スパゲッティ ピリ辛トマトソース　58

ピーナッツ
　ピーナッツのスープ　167

ピーマン
　いわしとパプリカのマリネ　83
　いわしのマリネ パプリカ風味　86
　かにとパプリカのブランダード　14
　トマトとモッツァレラの包みピザ　207
　鶏肉のティエド プロヴァンス風マリネ　130
　パプリカとアンチョビのカナッペ　175
　パプリカとオレンジのスープ　171
　パプリカマリネ アンチョビ添え　30
　パプリカマリネ ツナ風味　30

ブドウ
　ぶどうとカマンベール　159
　ぶどうとナチュラルチーズのピンチョス　186
　ぶどうとフォアグラのキャラメリゼ　147

ホウレン草
　ベシャメル入り野菜コロッケ　183
　ムール貝とほうれん草のキッシュ　206

マッシュルーム
　オマールとマッシュルームのピンチョス　190
　牡蠣とマッシュルームのムニエル　103
　マッシュルームのマドリッド風　47

水菜
　いかと青菜の蒸し餃子　215
　すずきのグリル 水菜のブレゼ添え　74
　水菜とベーコンのソテー　34
　和野菜のキッシュ　206

野菜各種
　いわしと野菜のマリネ　86
　かじきまぐろと野菜のピクルスのピンチョス　186
　魚介と野菜のゼリー寄せテリーヌ　39
　5色オムレツ　42
　白いんげん豆と野菜の煮込み　43
　鯛の燻製と温野菜のブイヨン仕立て　75
　春野菜サラダのテリーヌ仕立て　38
　冬野菜のテリーヌ仕立て　39
　帆立貝のマリネ ナージュ風　95
　野菜のピクルス　35

ラディッシュ
　ラディッシュとカマンベール　158

リンゴ
　鶏レバーとチーズ、りんごのワンタン　219
　鶏レバーのフリッツ　150
　豚肉の煮込みとりんごの焼き餃子　218
　フォアグラとりんごのロール　146
　りんごとカマンベールのパナード　202
　りんごとグリーンピースのスープ　170
　りんごとフォアグラの包みピザ　211

レタス
　スモークサーモンの生春巻き　222
　まぐろとアボカドの生春巻き　222
　ゆで豚とレタスのピンチョス　187

■ 魚介類、およびその加工品

アオヤギ
　あおやぎとねぎのヴィネガー風味　110
　トマトと貝のファルシ　19

アジ
　小あじのエスカベッシュ　90

穴子
　穴子となすのフォアグラ風味　91
　蒸し穴子のロール ナッツ添え　91

イカ
　赤いかとサーモンのロール　119
　赤いかと生ハムのロール　119
　赤いかのグリル　115
　赤いかのグリル トマトソース　115
　赤いかのグリル ピリ辛トマトソース　118
　赤いかのロール バジル風味　119
　いか、アンチョビ、春菊、水菜のブランダード　14
　いか墨のリゾット いか包み トマトソース　51
　いかと青菜の蒸し餃子　215
　いかとししとうと長ねぎのピクルス　26
　いかのいか墨ソース和え　118

いかのエスカベッシュ 118
いかのソテー ルイユソース 115
魚介の冷製 カネロニ詰め 58
サフランリゾット いか包み あさりソース 51
白いんげん豆といかのサラダ 43
長ねぎ、いか、えびのキッシュ 206
リゾット いか包み しいたけクリームソース 51

イワシ
いわしと玉ねぎのピクルスのピンチョス 186
いわしとトマトときゅうりのマリネ 86
いわしと長ねぎのマリネ 86
いわしとパプリカのマリネ 83
いわしと野菜のマリネ 86
いわしのオムレツ 87
いわしのマリネ 82
いわしのマリネ パプリカ風味 86
いわしのロール巻きソテー 87

エスカルゴ
エスカルゴのブルゴーニュ風 111

エビ (オマールを含む)
アボカドと小えびのテリーヌ 39
えびのすり身とれんこんの揚げ春巻き 223
オマールとマッシュルームのピンチョス 190
オマールのピンチョス ピリ辛トマトソース 190
魚介と野菜のゼリー寄せテリーヌ 39
魚介の冷製 カネロニ詰め 58
魚介のワンタン 219
グリーンアスパラガスと小えびのソテー 27
小えび入りマッシュポテト 10
小えびと春キャベツのブランダード 14
小えびのカクテルソース 114
小えびのピンチョス ごま風味 190
長ねぎ、いか、えびのキッシュ 206
ゆでオマールのピリ辛青トマトソース添え 114

牡蠣貝
牡蠣とマッシュルームのムニエル 103
牡蠣のグラタン 103
牡蠣のグリル レモン添え 102
牡蠣のソース・オランデーズ 103
牡蠣の長ねぎクリームソース 102
生牡蠣 赤ワインヴィネガー風味 102

カジキマグロ
かじきまぐろと野菜のピクルスのピンチョス 186
かじきまぐろのピクルスとオリーブのピンチョス 186
かじきまぐろのフリット 195

カニ
かにとパプリカのブランダード 14
トマトとかにのサラダ 19

魚介各種
貝類のレモンドレッシング和え 110
魚介のフリット 195
魚介の洋風おじや 54
魚介の冷製スパゲッティ 58

鮭
赤いかとサーモンのロール 119
サーモン入りマッシュポテト 11
サーモンとしいたけのブランダード 14
サーモンのキッシュ 206
サーモンの腹身の燻製 67
サーモンの腹身の燻製のティエド 67
サーモンのマリネ 甘いディルマヨネーズ 63
サーモンのマリネ 大根巻き 66
サーモンの冷製 ディルマヨネーズ 62
サーモンの冷製 春野菜のサラダ仕立て 63
サーモンの冷製 ピリ辛トマトソース 62
サーモンマリネのカナッペ 179
スモークサーモンとほうれん草のパナード 203
スモークサーモンのカナッペ 174
スモークサーモンの生春巻き 222
帆立貝とサーモンの包みピザ 210

サザエ
さざえのしいたけ入りグラタン 98
さざえのほうれん草入りグラタン 98

サヨリ
さよりとうずらの卵のピンチョス 191

白身魚
白身魚とそら豆のワンタン 219

スズキ
すずきのグリル 水菜のブレゼ添え 74

鯛
鯛燻製入りマッシュポテト 11
鯛燻製のカナッペ 174
鯛の燻製 75
鯛の燻製入りポムピューレ 78
鯛の燻製 サラダ仕立て 78
鯛の燻製 春菊のブレゼ添え 79
鯛の燻製と温野菜のブイヨン仕立て 75
鯛の燻製のキャベツ包み 34
鯛の燻製のグリエ 78
鯛のパリッと焼き 75

タコ
たことパプリカのパナード 203
たこのオリーブオニオンレモンソース 122

たこのパプリカソース 122
たこのピリ辛マヨネーズ 122
たこのピンチョス 190
水だこのグリエ 123
水だこのしゃぶしゃぶ オリーブオニオンレモンソース 123
水だこのしゃぶしゃぶ ピリ辛トマトソース 123

ツナ (油漬け缶詰)
カリフラワーとツナのブランダード 14
パプリカマリネ ツナ風味 30

ツブ貝
つぶ貝とパプリカのヴィネガー風味 99
つぶ貝の赤ワインヴィネガー風味 99
つぶ貝のクルトン 99

ホタテ貝
殻つき帆立貝のグリル ピリ辛トマトソース 95
魚介と野菜のゼリー寄せテリーヌ 39
しいたけと帆立貝のピンチョス 191
トマトと貝のファルシ 19
帆立貝といくらのカナッペ 179
帆立貝とうどときゅうりのマリネ 95
帆立貝とサーモンの包みピザ 210
帆立貝と生ハムのピンチョス 190
帆立貝のカナッペ 179
帆立貝のグリル グリーンソース 95
帆立貝のマリネ いくら添え 94
帆立貝のマリネ ナージュ風 95

ホッキ貝
ほっき貝とセロリとそら豆のマリネ 110

マグロ
ねぎ、まぐろ、フォアグラの重ね焼き 70
びん長まぐろのバルサミコソース 70
まぐろとアボカドの生春巻き 222
まぐろのたたき オレンジ風味 71
まぐろのタルタル 71
まぐろのタルタル 卵黄入り 71
まぐろの冷製 カネロニ詰め 59

ミル貝
みる貝の青トマトソース 110

ムール貝
ムール貝とほうれん草のキッシュ 206
ムール貝のグラタン 107
ムール貝のクルトン 107
ムール貝の白ワイン蒸し 106
ムール貝のトマト焼き 107
ムール貝の野菜ソース 106
ムール貝の冷製 ピリ辛トマトソース 106

ワカサギ
わかさぎのエスカベッシュ 90

■ 肉類、内臓、およびその加工品、
　卵、乳製品

鴨肉
鴨の揚げ餃子 215
鴨の燻製とカリフラワーのピクルスのピンチョス 187
さつまいもと鴨肉のピンチョス 194
長ねぎと鴨肉、エリンギのピンチョス 195

牛肉
牛たんと長ねぎのピンチョス 194
牛トリップの煮込み 143
牛肉と玉ねぎのコンフィの焼き餃子 218
牛肉のタルタル 142
タンシチューの包みピザ 210
パテ・ド・カンパーニュ 135
ローストビーフと揚げじゃがいものピンチョス 191
ローストビーフとコルニッションのピンチョス 187
ローストビーフとピクルスのカナッペ 178
ローストビーフのカナッペ 174

仔羊肉
仔羊肉とパイナップルの重ね焼き 143
仔羊肉のフリッツ 143

コンソメ
カレー風味のスープ 162
グリーンスープ 生ハムの香り 163
新玉ねぎのスープ 162
フォアグラ入りコンソメスープ 162
芽ねぎのスープ 162

ソーセージ
ソーセージとししとうのピンチョス 195

卵（ウズラの卵を含む）
いわしのオムレツ 87
温泉卵 いくら添え、うに添え 151
温泉卵 オリーブソース 151
温泉卵 ツナマヨネーズソース 151
温泉卵の2種ソース 151
5色オムレツ 42
さよりとうずらの卵のピンチョス 191
卵のファルシ 155
フランいろいろ 154

チーズ
揚げなすのモッツァレラ風味 22
カプレーゼ 19
カレー風味クリームチーズ入りシュー 198

きゅうりとゴルゴンゾーラ 158
クリームチーズとパプリカ入りシュー 198
グリーンアスパラガスとカマンベールのピンチョス 186
じゃがいもとチーズの揚げ春巻き 223
じゃがいも、フォアグラ、モッツァレラ・チーズのミルフィーユ仕立て 15
セロリとフロマージュブランのスティック 158
チーズクルトンとハーブサラダ 159
チーズコロッケ 183
チーズとセロリの包みピザ 211
チェダー・チーズとセロリのカナッペ 182
トマトとモッツァレラ 159
トマトとモッツァレラのカナッペ 182
トマトとモッツァレラの包みピザ 207
トマトとモッツァレラの冷製スパゲッティ 58
鶏レバーとチーズ、りんごのワンタン 219
生ハムとオリーブ、パルミジャーノ 138
ハムとクリームチーズ入りシュー 198
ぶどうとカマンベール 159
ぶどうとナチュラルチーズのピンチョス 186
フロマージュブラン入りシュー 199
フロマージュブランのカナッペ 175
蒸しものゴルゴンゾーラ風味 15
ラディッシュとカマンベール 158

鶏肉
鶏肉とえび、貝の蒸し餃子 215
鶏肉ときのこのキャベツ包み 34
鶏肉と筍の蒸し餃子 214
鶏肉とピクルスのピンチョス 187
鶏肉のカルパッチョ 130
鶏肉のグリル 131
鶏肉のグリル ピリ辛トマトソース 127
鶏肉のティエド オリーブオニオンレモンソース 126
鶏肉のティエド プロヴァンス風マリネ 130
鶏肉のトマト煮込み包みピザ 210
鶏肉のパリッと焼き 131
鶏の赤ワインローストとパイナップルの揚げ春巻き 223
鶏胸肉の春菊マヨネーズ 127
長ねぎと鴨肉、エリンギのピンチョス 195
丸ごとしいたけの鶏肉詰め 47

ハム
赤いかと生ハムのロール 119
生ハムとアスパラガスのピンチョス 187
生ハムとオリーブ、パルミジャーノ 138
生ハムとピクルスのカナッペ 178
ハムとからし菜のパナード 203
ハムとコルニッションのピンチョス 187
ハムと菜の花のブランダード 14
ハムとパセリのゼリー寄せ 138
帆立貝と生ハムのピンチョス 190

フォアグラ
揚げなすのフォアグラ詰め 23
穴子となすのフォアグラ風味 91
かぼちゃとフォアグラの包みピザ 211
じゃがいも、フォアグラ、モッツァレラ・チーズのミルフィーユ仕立て 15
ねぎ、まぐろ、フォアグラの重ね焼き 70
フォアグラ入りコンソメスープ 162
フォアグラとりんごのロール 146
フォアグラのカナッペ 146
フォアグラのパルフェ 146
ぶどうとフォアグラのキャラメリゼ 147
りんごとフォアグラの包みピザ 211

豚肉
カネロニ 挽き肉ソース 55
豚足と野菜のゼリー寄せ 139
豚足のヴィネグレットソース 138
パテ・ド・カンパーニュ 135
ポークフリッツ 134
ポークフリット 195
豚肉とあんずの重ね焼き 135
豚肉の西京漬け 134
豚肉の煮込みとりんごの焼き餃子 218
豚ばら角煮の白菜蒸し 34
豚ばら肉と豚足の赤ワインはちみつ煮込み 138
ゆで豚とレタスのピンチョス 187

ベーコン
グリーンアスパラガスとベーコンのソテー 27
ベーコンと揚げじゃがいものピンチョス 194
ベーコンとアスパラガスのピンチョス 194
水菜とベーコンのソテー 34
和野菜のキッシュ 206

レバー
鶏レバーと栗の蒸し餃子 214
鶏レバーとチーズ、りんごのワンタン 219
鶏レバーのフリッツ 150
パテ・ド・カンパーニュ 135
レバーペースト 150

なんでもオードヴル

初版発行　2005年2月15日
12版発行　2014年5月20日

著者©　音羽和紀（おとわ　かずのり）
発行者　土肥大介
発行所　株式会社柴田書店
　　　　東京都文京区湯島 3-26-9 イヤサカビル
　　　　〒113-8477
　　　　営業部　03-5816-8282（注文・問合せ）
　　　　書籍編集部　03-5816-8260
　　　　URL　http://www.shibatashoten.co.jp

印刷・製本　凸版印刷株式会社
ISBN　978-4-388-05966-9
本書収録内容の無断転載・複写（コピー）・
引用・データ配信等の行為は固く禁じます。
乱丁・落丁本はお取り替えいたします。
Printed in Japan